그녀의

이름은

일러두기

- 참고문헌을 표기할 때 책, 장편소설, 잡지, 신문은 『…』, 보고서, 기사, 시, 단편소설, 논문은 「…」, 인터넷 사이트는 《…》, 음악, 영화, 그림, 방송 프로그램은 〈…〉로 구분하였습니다.

- 3·1운동, 3·1만세시위, 3·1만세운동 등은 해석 범위에 따라 의미가 조금씩 다르지만, 이 책에서는 3·1운동으로 명칭을 통일하였으며, 때에 따라 만세운동이라고 표기하였습니다.

- 이 책은 『독립유공자공훈록』을 1차 자료로 삼았으며 그 밖의 사항은 책 뒤쪽의 참고문헌을 포함하여 각종 논문·신문·잡지 등을 참고하였습니다.

- 독립운동가에 대한 호칭은 열사, 의사, 지사로 구분되지만, 이 책에서는 유관순 열사를 제외한 나머지 독립운동가는 지사로 통일하였습니다.

- 이 책에서 소개하는 여성 독립운동가는 가나다순으로 되어 있습니다.

그녀의 이름은

이제야 기억합니다, 여성 독립운동가

편집부 지음

북핀

지금으로부터 100년 전, 이름 없는 독립운동가가 있었습니다.

그녀의 이름은 '홍씨'. 평안남도 안주 만세운동에서 시위행진을 하다가 일본 헌병들의 무차별 사격에 순국한 독립운동가입니다.

당시 우리나라의 여성은 이름을 갖지 못한 경우가 많았습니다. 아버지의 성씨를 따서 '김씨', 혹은 '누구의 부인', '누구의 어머니'로 불리었죠. 우리나라 최초의 자비 유학생이자 고종황제의 통역관으로 활동한 김란사 지사도 마찬가지였습니다. 이름 없이 '김씨'로 지내다가 란사(낸시)란 이름으로 세례를 받은 뒤에나 서양식 이름을 가지게 되었죠. 후세에 전해지고 기록될 이름조차 없는 시대, 자신을 기억하는 사람은 아무도 없을 것을 알면서도 그녀들은 나라를 위해 기꺼이 목숨을 내던졌습니다.

이름이 잊히거나 가려진 독립운동가도 많았습니다.
무장투쟁의 최전선에서 활약했음에도 사회주의 사상을 지지했다는 이유로 서훈받지 못한 김명시 지사. 하루종일 군복을 짓고 식사를 준비하며 독립군을 뒷바라지했지만 독립운동으로 인정되지 않아 수십 년간 서훈받지 못했던 허은 지사. 자신의 이름보다는 '여자 안중근', '단재 신채호의 아내', '백범 김구의 어머니' 등 다른 수식어로 더 유명했던 남자현, 박자혜, 곽낙원 지사 등 많은 여성 독립운동가의 이름은 나라를 위해 헌신한 그들의 활동과는 상관없는 이유들로 잊히거나 다른 이름에 가려져 왔습니다.

여성 독립운동가, 그녀들의 이름 석 자에 항일투쟁의 역사가 담겨 있습니다.
그동안 '여성 독립운동가가 지금보다 더 알려져야 한다'고 당연하게 생각해 왔지만, 막상 '여성독립운동'이라는 단어가 주어지면 저 역시 유관순 열사와 만세운동만을 떠올리는 무지한 사람이었습니다. 독립운동가들의 희생을 발판삼아 현재를 살아가는 후손이면서,

더구나 같은 여성임에도 말이지요.

이 사실을 깨닫고 알아본 여성독립운동은 실로 다채로 웠습니다. 무장투쟁의 최전선에서 활약하고, 노동 착 취에 저항하기 위해 고공 농성을 벌이고, '여성의 해방 이 조국의 해방'이라는 마음가짐으로 여성교육에 앞서 고, 백지 시험지를 내는 것으로 의지를 표현하는 등 직 업과 나이를 떠나 그녀들은 각자의 자리에서 치열하게 투쟁했습니다.

이처럼 당시 여성의 독립운동은 일제에 저항하며 국권 을 회복하기 위한 투쟁에만 머물지 않고, 여성에 대한 잘못된 인식과 사회 구조를 개선하고 착취와 피지배에 서 벗어나 평등한 권리를 누리고자, 노동운동, 여성해 방운동, 인권운동 등으로 그 범위를 넓힌 운동이었습 니다. 어둡고 참담했던 그 시절에도 나라를 위해, 여성 을 위해 자신의 삶과 목숨을 바친 수많은 여성투사가 있었음에 전율했고, 그동안 몰랐던 것이 부끄러웠고, 그들의 이름이 잊힌 것이 슬펐습니다.

3·1운동으로부터 100년이 지난 지금, 그녀들의 이름 에 주목하고자 합니다.

봉건적 역할과 관습에 억압되었던 열악한 상황에서도 독립운동에 투신했던 조선의 여성들. 늦었지만 이제라도 그녀들의 이름을 기억해야 합니다. 이 책은 혁명적인 활동을 이어간 여성 독립운동가 40명의 이야기와 기록을 모은 책으로, 여성 독립운동가들의 이름을 분명히 드러내고, 그들의 불꽃같은 활동에 대해 읽기 쉽고 기억하기 쉽게 정리하였습니다. 여성 독립운동가들의 이름을 기억하고자 하는 이 여정에 조금이라도 많은 사람이 함께 하길 바랍니다.

2019년 6월,
그녀의 이름을 기억하며.

이 책에서는 여성독립운동가가 독립유공자로서 정부
로부터 서훈받은 상훈의 명칭을 표기하고 있습니다.
상훈(賞勳)은 대한민국 국민이나 외국인으로서 대한민
국에 뚜렷한 공적을 세웠을 경우에 훈장을 수여하는
제도입니다. 훈장은 사회 분야별로 분류하여 12종류
인데, 그중 독립유공자는 건국훈장(대한민국장, 대통령장,
독립장, 애국장, 애족장 등 5등급)을 받으며 그 아래의 훈격
으로 건국포장, 대통령 표창이 있습니다.

■ 건국훈장

대한민국장(大韓民國章, 1등급)

대통령장(大統領章, 2등급)

독립장(獨立章, 3등급)

애국장(愛國章, 4등급)

애족장(愛族章, 5등급)

■ 건국포장(建國褒章, 6등급)
■ 대통령표창(大統領表彰, 7등급)

지정 기준은 대상자의 사회적 지위 및 신망도, 연령, 특정분야에서 일한 기간 등 다양한 면을 고려하지만 일반적으로 아래의 공적으로 평가합니다.

1-3등급(대한민국장, 대통령장, 독립장) : 8년 이상 독립운동 활동 혹은 8년 이상 옥고

4등급(애국장) : 5년 이상 활동 혹은 4년 이상 옥고

5등급(애족장) : 2년 이상 활동 혹은 1년 이상 옥고

6등급(건국포장) : 1년 이상 활동 혹은 10월 이상 옥고

7등급(대통령표창) : 6월 이상 활동 혹은 3월 이상 옥고 혹은 태 90도 이상

출처 : 대한민국 상훈

일제강점기, 여성들은 '대한 독립'이라는 목표를 이루기 위해 나이, 학력, 신구의 제한 없이 수많은 항일운동단체를 조직하여 활동하였는데, 그 가운데 왕성한 활동을 전개했던 여성항일운동단체 14개를 추려 정리하였습니다. 이 책에서 소개하는 여성 독립운동가가 활동했던 단체의 경우 끝부분에 해시태그(#)로 그 이름을 표기해 두었습니다.

간우회

1919년 3월 설립된 간호사 항일운동단체로, 조선총독부 부속병원 조산사였던 박자혜 지사의 주도로 만들어졌다. 민족대표 33인 중 한 명이었던 이필주 목사와 연락을 취하며 같은 병원의 조산사, 간호사를 규합했다.

비밀리에 유인물을 배포하고 3월 10일 만세운동을 펼쳤으며 시내 국·공립병원 직원들의 동조를 얻어 태업을 주도하였다. #박자혜

결백단

1920년, 평양 숭의여학교 당해 졸업생이 중심이 되어 졸업생을 규합, 조직한 단체이다. 크리미아전쟁(크림전쟁) 당시 백의를 입고 참여한 간호사의 활동을 본받아 항일독립전쟁에 참여하고자 조직하였다. 독립전쟁에서 간호단으로 참여하였고 전도사업, 금연·금주운동, 여성운동, 임시정부에 군자금 송금 등 다양한 활동을 전개하였다. #안맥결

근우회

1927년 조직된 좌우합작여성항일단체이다. 민족주의계열과 사회주의계열로 양분된 항일민족운동을 통합하기 위해 신간회가 조직되자, 여성계에서도 여성운동 통합론이 일어나 근우회를 설립하였다. 여성해방과 민족해방을 목적으로 삼았으며, 해마다 지회가 늘어나서 1930년까지 전국에 걸쳐 60여 개의 지회가 설립되었다. 여성문제 토론회, 여성계몽을 위한 순회강연, 문맹 퇴치를 위한 야학운동, 여공 파업 진상 조사 및 지

원, 항일학생운동 지도 및 후원, 해외동포 구호를 위한 모금운동 등을 펼쳤다. #박차정 #조신성 #정칠성 #최은희 #허정숙

근화회

1928년 미국 뉴욕, 여자유학생들에 의해 조직되었던 여성항일운동단체이다. 조국 광복을 위해 재미 한인 사회의 애국운동을 후원하고, 여성동포의 애국정신을 고취하며, 출판·강연 사업 등을 통해 국내 정세를 외국인에게 소개하는 등 재미 한인의 선전사업에 크게 이바지했다. #김마리아 #황에스터

남경조선부녀회

1936년 남경에서 민족혁명당 산하에 설립된 여성항일운동단체이다. 박차정, 이성실 지사의 주도로 결성되었으며 '민족해방운동과 여성해방운동을 동시에 이루어낼 것'을 기본인식과 구호로 삼았다. #박차정

대한민국애국부인회

대한민국 임시정부를 지원하면서 그 산하에서 독립운동을 추진하기 위해 조직된 여성항일운동단체이다. 서울 중심의 대한민국애국부인회, 평양 중심의 대한애국

부인회, 상해 중심의 대한민국애국부인회가 있었다.

서울 중심의 '대한민국애국부인회'는 1919년 3·1운동 이후 조직된 혈성단부인회와 대조선독립애국부인회를 통합하여 만든 단체로, 김마리아 지사를 회장으로 두어 활동했다. 활동한 지 1~2개월 만에 약 6,000원이라는 거액의 군자금을 모아 임시정부로 보내는 성과를 거두었다. #김마리아 #황에스터

평양 중심의 '대한애국부인회'는 '남자와 똑같이 독립운동에 참여하는 것이 동포권의 의무'라는 발의에 찬동하는 부인들로 조직되었다. 군자금을 모아 임시정부에 송금하고 항일사상을 고취하는 사업을 벌였다. #안경신

상해 중심의 '대한민국애국부인회'는 임시정부의 활동을 보조하는 역할을 맡았다. 1920년대 후반 임시정부의 활동이 미미해지면서 같이 활동이 미약해졌다가 1943년 재건되어 방송, 일선군인 위문, 여성계몽운동 등 다양한 활동을 펼쳤다. #방순희

대한여자애국단

1919년 재미 한인사회에서 조직되었던 여성항일운동 단체이다. 임시정부의 외교선전·군사운동 등에 후원금을 보냈으며, 재미 한인교포 2세의 국어교육, 대한국민회에 대한 후원, 국내동포에 대한 재해금을 송금하

는 활동을 펼쳤다. 광복 후에는 재미한인전후구제회와 함께 구제품을 모아 보내기도 하였다. #이혜련

소녀결사대

1917년, 박희도 선생의 지도로 결성된 경성여자고등보통학교 여성항일운동단체이다. 최정숙, 고수선, 강평국, 최은희 등 사범과 학생 79명으로 조직되었으며 1919년 경성여고보 3·1운동을 이끌었다. #최은희 #최정숙

소녀회

1928년, 광주여자고등보통학교 학생들에 의해 조직되었던 여성항일운동단체이다. 독서회 성격의 조직으로 매월 1회씩 연구모임을 가졌으며, 학생소비조합을 조직하고 30원을 출자했다. 광주학생항일운동에 적극적으로 참여하였으며, 광주학생항일운동으로 구속된 학생들의 석방운동을 펼치기 위해 백지동맹을 일으켰다. #이광춘

송죽회

1913년, 평양 숭의여학교에서 조직되었던 여성항일운동단체로, 교사 김경희, 황에스터, 졸업생 안정석 등을

중심으로 조직되었다. 절개의 상징인 소나무와 대나무의 한자어를 따서 이름 지었으며 '송죽결사대'라고도 하였다. 송죽회 회원들은 졸업 후 각 학교의 교사로 부임하여 재직학교를 중심으로 송죽회의 활동을 확산시켜 나갔다. 3·1운동 당시 지방의 여성들이 많이 참여했던 것은 송죽회의 넓은 조직망이 기여한 바가 컸다. 많은 여성지도자를 배출했으며, 회원들의 철두철미한 기밀유지로 일본경찰의 수사망에도 발각되지 않았다.

#권기옥 #황에스터

조선여자교육회

1920년에 설립된 여성계몽운동단체로, 현 덕성여자고등학교와 덕성여자대학교의 모태가 된 조직이다. 차미리사 지사가 부인야학강습소를 시작하면서 여성계몽교육을 보다 조직화해야 할 필요성을 느끼고 설립하였다. 전국순회강연단을 조직하여 전국 도시를 돌며 강연회를 개최했으며 이 강연회는 국내 최초의 전국 규모 여성계몽운동으로 기록돼 있다. 근화학원(槿花學園)으로 발전하였으나 '근화'라는 이름이 '무궁화'를 연상시킨다는 일제의 압력 때문에 '덕성'으로 바꾸었다. #차미리사

조선의용대 부녀복무단

1938년, 민족혁명당 내 조선의용대가 창설되면서 함께 조직된 여성항일무장투쟁단체이다. 여성대원으로만 조직되었으며 적후 공작과 무장투쟁을 전개하였다. 박차정 지사가 단장을 맡았으며 지휘관은 김명시 지사, 부대장은 이화림 지사가 맡았다. #박차정 #김명시 #이화림

호수돈 비밀결사대

1919년 개성 3.1운동을 이끈 호수돈 여학교 항일비밀조직이다. 독립선언서와 태극기를 제작하며 비밀리에 만세운동을 준비하다가 1919년 3월 1일, 기숙사 담을 뛰어넘어 민족자결주의를 연설하고 대한 독립 만세를 외치며 만세운동을 주도하였다. 이에 개성시민들도 합세하여 1,000여 명 규모로 확대되었다. 이후 일제에 의해 전국적으로 휴교령이 내려지자 대원 중 하나였던 조화벽 지사가 솜버선에 독립선언서를 숨기고 고향 양양으로 내려가 양양 3·1운동의 불씨를 일으켰다.

YWCA

Young Women's Christian Association의 약칭으로, 조선여자기독교청년회연합회를 뜻한다. 기독교 계열의

여성지식인에 의해 결성되었으며 사회복음 정신을 구현하고 여성문제 해결을 위해 사회활동을 전개했다. 강연회와 성서 공부, 야학 운영 등 여성 교육활동을 비롯한 문맹 퇴치 운동, 국산품 장려운동, 금주·금연 운동, 공창 폐지운동, 조혼 폐지운동, 농촌계몽운동 등으로 확장하여 활동했다. #최용신 #황에스터

목차

그녀, 이름의 기록

그녀, 투쟁의 기록

그녀,

강주룡	방순희	정칠성
곽낙원	부춘화	조마리아
권기옥	안경신	조신성
김락	안맥결	지복영
김란사	오광심	차미리사
김마리아	유관순	최용신
김명시	윤희순	최은희
김알렉산드라	이광춘	최정숙
김향화	이병희	허은
김현경	이혜련	허정숙
남자현	이화림	홍씨
동풍신	이효정	황에스터
박자혜	이희경	
박차정	정정화	

이름의 기록

강 주 룡

: 우리나라 최초로 고공 농성을 벌인
노동운동가

1901년 출생
1932년 6월 13일 사망
2007년 애족장 서훈

"우리 임금이 깎이면 평양에 있는 다른 고무공장 노동자들의 임금도 깎일 것입니다. 내 권리를 포기해서 다른 사람에게까지 피해를 줄 수는 없습니다"

 우리나라에서 처음으로 고공 농성을 벌인 노동운동가가 누구인지 아시나요? 바로 일본의 불합리한 임금삭감, 노동 착취를 고발하기 위해 시위를 벌인 여성항일노동운동가, 강주룡 지사입니다.

 세계적인 경제 공황으로 고무공업이 타격을 받으면서 평양고무공합조업은 노동자들에게 일방적인 임금삭감을 통고했고, 이에 강주룡 지사는 노동자들과 함께 파업을 주도하였습니다. 파업 도중 일본경찰에 의해 공장에서 쫓겨나게 되자 강주룡 지사는 늦은 밤 자그마치 높이 12m의 을밀대(고구려 때 지어진 누각) 지붕 위로 올라가 "여성해방! 노동해방!"을 외쳤습니다. 그녀의 투쟁은 신문에 실려 세간의 주목을 받았으며 여성노동자들의 동맹파업이 항일민족운동으로 연결되는 의미를 갖게 해주었습니다.

 최근에는 그녀의 일대기를 다룬 『체공녀 강주룡』(2018)이라는 소설이 출간되어 자기 삶을 스스로 결정하는 여성영웅의 모습으로 그려지기도 했습니다.

곽낙원

: 임시정부의 정신적 지주

1859년 2월 26일 출생
1939년 4월 26일 사망
1992년 애국장 서훈

훌륭한 위인의 곁에는 훌륭한 조력자가 있기 마련입니다. 그는 배우자일 수도 친구일 수도 부모일 수도 있습니다. 백범 김구 선생의 조력자는 그의 어머니인 곽낙원 지사였습니다.

곽낙원 지사는 임시정부 사람들에게 정신적 지주이자 어머니 같은 존재였습니다. 임시정부의 재정 상황이 곤궁하여 사람들이 굶고 있자 고급 주택가의 쓰레기통을 뒤져 배추 시래기로 죽을 끓여 먹였으며, 임시정부의 생활비를 마련하기 위해 구걸까지 하는 등 가리지 않고 행동했습니다. 또한, 청년들이 그녀의 생일상을 준비하는 것을 눈치채고선 "내 입맛대로 음식을 사 먹을 테니 돈으로 달라"고 한 후 그 돈에 자신의 쌈짓돈을 보태어 권총 두 자루를 사서 건네며 "이것으로 나라를 되찾으시게"라고 말했다 합니다.

비록 염원했던 조국 독립을 보지 못하고 숨을 거두었지만, 그녀의 바람은 아들이었던 백범 김구 선생을 통해 이어질 수 있었습니다.

권기옥

: 우리나라 최초의 여성비행사

1903년 1월 11일 출생
1988년 4월 19일 사망
1977년 독립장 서훈

"비행기 타는 공부를 하여 일본으로 폭탄을 안고 날아가리라"

1917년, 미국인 비행사 아트 스미스가 선보인 현란한 곡예비행에 많은 사람이 환호했습니다. 당시 20만 서울 인구 중 5만 명이 운집하여 볼 정도였다고 하니 엄청난 규모의 이벤트였지요. 그 5만 명의 군중 속 비행사의 꿈을 갖게 된 어린 소녀가 있었으니 바로 우리나라 최초의 여성비행사 권기옥 지사입니다.

꿈을 이루기는 쉽지 않았습니다. 상해 망명 후 항공학교를 입학하고자 했지만 여자라는 이유로 번번이 거절당했기 때문입니다. 그러나 그녀는 먼 거리의 원난성까지 찾아가 자신의 의지를 표현했고 마침내 성장에게 허락 편지를 받아내어 운남육군항공학교 제1기생 중 유일한 여학생으로 입학할 수 있었습니다.

졸업 후 중국 공군에서 10여 년 동안 일본군과 맞서 싸우며 약 7000시간의 비행기록을 세웠으며, 상해사변에서 공을 세워 훈장을 받기도 했습니다. 광복 이후에는 대한민국 공군 창설에 힘을 보태기도 했지요.

여성의 사회적 진출이 어려웠던 시절, 그녀는 자신의 꿈을 이루면서 조국을 위해 싸운 위대한 여성이었습니다.

김
락

: 독립운동 명문가의 안주인이자 독립운동가

1863년 1월 21일 출생
1929년 2월 12일 사망
2001년 애족장 서훈

명문가와 상류층의 차이는 무엇일까요? 국립국어원에서는 '명문가'라는 단어를 '사회적 신분이나 지위가 높고 학식과 덕망을 갖춘 훌륭한 집안'이라는 뜻으로, '상류층'이라는 단어를 '신분이나 생활 수준 따위가 높은 계층'이라는 뜻으로 풀이하고 있습니다. 풀이에 따르면 두 단어의 차이점은 '명예'의 유무라 할 것입니다.

김락 지사의 집안은 친가와 시가를 합쳐 모두 25명의 독립유공자를 배출한 독립운동 명문가입니다. 의병장을 지낸 시아버지(이만도)와 파리 장서 사건의 주모자 남편(이중업), 임시정부 초대 국무령을 지낸 형부(이상룡), 노름꾼으로 위장해 집안 재산을 독립운동에 바쳤던 맏사위(김용환), 그리고 후방에서 이들을 적극적으로 뒷바라지했던 많은 여성이 그녀의 집안 사람이었습니다. 그녀 또한 예안 3·1운동에 참여했다가 일제의 고문으로 인해 두 눈을 잃었고, 그 후 11년을 고통 속에서 지내다가 사망하였습니다.

하지만 김 지사의 활동은 구전으로만 전해지다가 뒤늦게 기록이 발견되어 2001년에 서훈받을 수 있었습니다. 나라를 되찾기 위해 치열한 삶을 살았던 독립운동 명문가, 그리고 김락 지사를 잊지 말아야 할 것입니다.

#최초 자비 유학생 #영웅의 스승

김란사

: 우리나라 최초의 자비 유학생

1872년 9월 1일 출생
1919년 3월 10일 사망
1995년 애족장 서훈

"제 인생은 칠흑처럼 캄캄합니다. 제게 지식의 등불을 밝혀 주십시오"

조선시대 말기에 여성은 부모의 강요로 인한 결혼 때문에 학업을 시작하지 못하거나 도중에 그만두는 경우가 많았습니다. 이를 막고자 이화학당의 설립자 메리 스크랜턴은 금혼(禁婚) 학칙을 만들어 입학 당시와 재학 도중 혼인을 금지했습니다. 그러나 이는 기혼여성의 학업을 차단하는 모순을 낳았고 김란사 지사 또한 기혼여성이었기에 입학대상이 아니었습니다.

하지만 그녀는 포기하지 않았습니다. 늦은 밤 이화학당의 프라이 여사를 찾아가 등불을 끄고는 "제 인생은 이 칠흑처럼 캄캄합니다. 제게 지식의 등불을 밝혀 주십시오"라고 말하며 입학을 간청하였고 진심이 받아들여져 입학할 수 있었습니다. 유학이라는 개념이 생소했던 시절임에도 자신의 의지로 미국 유학을 떠나 한국 최초의 자비(自費) 유학생이 되기도 했습니다.

그녀는 이화학당에서 민족교육을 펼쳐 유관순 열사를 비롯한 많은 여성영웅이 탄생하는 데 영향을 끼쳤으며 고종황제의 통역관으로도 활약했습니다. 여자는 이름만 쓸 줄 알면 된다고 여겼던 시절, 그녀는 자신의 의지로 공부하고 인생을 개척했던 여성이었습니다.

김마리아

: "나는 대한 독립과 결혼했소"

1892년 6월 18일 출생
1944년 3월 13일 사망
1962년 독립장 서훈

"우리 부인도 국민 중의 일분자이다"

김마리아 지사는 엘리트 신여성 출신의 대표적인 항일투사입니다. 부유한 집안에서 태어나 정신여학교, 일본·미국 유학 등 엘리트 코스를 밟은 그녀는 얼마든지 상류층의 편안한 삶을 살 수 있었습니다. 그러나 그녀는 "나는 대한 독립과 결혼했소"란 말을 남기고 평생을 독신으로 독립운동에 투신했습니다.

그녀는 일본 유학 시절 2·8독립선언을 이끌었으며 2·8독립선언서를 옷 속에 숨긴 채 귀국하여 전국 각지를 돌아다니며 독립사상을 전했습니다. 이러한 그녀의 노력이 작은 불씨가 되어 1919년 3·1운동으로 이어졌으며 전국적으로 대한 독립을 향한 의지의 물결이 퍼져나가게 되었습니다.

"우리 부인도 국민 중의 일분자이다. 국권과 인권을 회복할 목표를 향하여 전진하고 후퇴할 수 없다" 그녀가 작성한 대한민국애국부인회 설립취지문 속 문장입니다. 잔인한 시대적 상황 속에서 식민지 국민으로서, 사회적 약자인 여성으로서 주체적으로 조국 독립에 기여했던 그녀를 잊지 말아야 할 것입니다.

#백마 탄 여장군 #조선의 잔 다르크

김명시

: 장군이란 호칭을 가졌던 유일한
여성 독립운동가

1907년 출생
1949년 10월 10일 사망
미서훈

'온몸이 혁명에 젖었고 혁명 그것인 듯 대담해 보였다' 1946년 11월 21일 자 『독립신보』에 실린 김명시 지사 인터뷰의 일부로 그녀의 기개를 알 수 있는 문장입니다. 당시 그녀는 '백마 탄 여장군', '조선의 잔 다르크'라고 불리었습니다. 조선의용대 부녀복무단 지휘관이었던 그녀에게 붙여진 이 호칭은 김명시를 존경하고 흠모했던 사람들이 붙여준 명예훈장이었습니다. 해방 후 귀국한 그녀가 무정 장군과 함께 말을 타고 종로 거리를 지날 때는 "김명시 장군 만세!"를 외치는 칭송의 소리와 함성으로 가득했다고 합니다.

그러나 항일투사로서의 긍지를 갖고 통일 정부 수립을 위해 귀국한 그녀에게 닥친 것은 죽음이었습니다. 1948년 한국정부 수립 이후 우익과 좌익, 이데올로기의 갈등으로 유혈사태가 수없이 일어났습니다. 그녀 또한 좌익계열의 인사로 분류되어 체포되었으며 1949년 10월 11일 일간지에 그녀의 자살 소식이 실렸습니다. 그녀의 죽음에는 미심쩍은 부분이 있었지만 진실은 밝혀지지 않았으며, 독립운동가로서 서훈도 받지 못한 상태입니다. 그녀를 비롯하여 제대로 평가받지 못하고 있는 많은 독립운동가들의 명예가 하루빨리 회복되기를 바랍니다.

김알렉산드라

#불세배기 #한국 최초의 공산주의자 #한인사회당

: 인간 해방을 꿈꾸던 혁명가

1885년 2월 22일 출생
1918년 9월 16일 사망
2009년 애국장 서훈

한국 최초의 공산주의자, 사회주의계열 독립운동의
기틀을 마련하다.

1918년 9월, 러시아 아무르강 강가에서 일본군과
멘셰비키(백위군)에 의해 한 여자가 처형되었습니다.
발포 직전, 그녀는 "열세 발자국을 걷고 싶다"고 말했
습니다. 조선 13도를 뜻하는 열세 발자국을 걸으며 독
립 만세를 외치다 총탄에 숨을 거두었던 그녀, 그녀는
김알렉산드라 지사입니다.

부모님의 이민으로 러시아에서 태어난 그녀는 조선
인과 중국인 노동자가 일하는 공장에서 통역관으로 일
하며 노동자들의 권익을 보호하는 활동을 했고, 인간
해방과 자유를 위해 볼셰비키(적위군)에 가담하면서 본
격적으로 러시아 사회주의운동에 뛰어들었습니다. 우
리나라 최초의 공산주의자가 탄생한 것입니다.

그녀는 제국주의에 맞서 싸우는 것이 조선의 독립
을 앞당기는 일이라 생각했습니다. 그래서 훗날 임시
정부 초대 국무총리를 지냈던 이동휘 선생과 함께 최
초의 한인사회주의정당인 한인사회당을 창당하여 사
회주의계열 독립운동의 기틀을 마련했습니다.

현재 하바롭스크에는 러시아 혁명사에서 중요한 위
치를 차지했던 그녀의 영웅적 면모를 담은 기념비가
세워져 있습니다.

김 향 화

: 나는 기생이 아니라 독립운동가입니다

1897년 7월 16일 출생
사망일 알 수 없음
2009년 대통령표창 서훈

"조선인이라면 정도의 차이가 있을 뿐 모두 친일행위를 했으므로 '친일공범'인 민족 전체를 단죄할 수 없다"라고 말한 이가 있습니다. 바로 소설『무정』을 쓴 춘원 이광수입니다. 그는 해방 후 반민족행위자 처벌 특별법이 자신을 옥죄어오자 자신의 친일행위를 변명하기 위해 위와 같이 말했습니다. 시대의 지식인조차도 갖은 변명을 하며 당당하게 친일을 했던 셈입니다.

그와 비교하여 조선에서 가장 천대받았던 기생의 신분임에도 나라를 위해 분연히 일어난 여성이 있었습니다. 본명은 '순이(順伊)', 기생이 된 후 이름은 김향화. 그녀는 수원기생조합의 기생이었습니다. 그녀를 비롯한 수원 기생 33명은 고종황제 국상에 맞추어 1919년 1월, 대한문 앞에서 망곡(국상을 당해 대궐 문 앞에서 백성이 모여 곡을 하는 것)을 하였으며, 3월에는 수원경찰서 앞에서 숨겨둔 태극기를 꺼내들고 대한 독립 만세를 외쳤습니다.

이 사건으로 김향화 지사는 만세운동의 주모자로 체포되어 옥고를 치렀습니다. 자신을 멸시했던 나라를 위해 일어난 그녀. 우리는 그녀를 기생이 아닌 독립운동가로 기억해야 합니다.

김현경

: 유관순 열사의 친구이자
공주만세운동의 주도자

1897년 6월 20일 출생
1986년 8월 15일 사망
1998년 건국포장 서훈

여러분은 '등사기'라는 물건을 아시나요? 등사기란 '같은 글이나 그림을 여러 장 찍어내는 수동식 인쇄기'로 간단히 말하면 옛날식 인쇄기입니다. 이 기계는 수동식으로 한 장 한 장 잉크 묻힌 롤러를 굴려 찍어내야 했기 때문에 대량의 인쇄물을 찍으려면 오랜 시간이 걸렸습니다. 이런 등사기로 하룻밤 새 무려 1,000장의 독립선언서를 등사하여 뿌린 여성 독립운동가가 있으니 바로 김현경 지사입니다.

1919년 3월 31일, 김현경 지사와 동료 교사, 학생들은 경성에서 가져온 독립선언서를 바탕으로 독립사상을 고취시키는 선언서를 작성한 후 1,000장을 등사했습니다. 그리고 4월 1일, 공주시장에서 선언서와 태극기를 군중들에게 나누어 주고 만세운동을 전개했습니다.

이 사건으로 김현경 지사는 공주형무소에 수감되었으며 그곳에서 평생 잊지 못할 동무 유관순 열사를 만났습니다. 출옥 후에는 서대문형무소로 이감한 유관순 열사를 뒷바라지했으며, 유관순 열사가 옥중 순국하자 유해를 인수하여 장례를 치러주기도 했습니다.

#세 번의 단지 #혈서 #임시정부의 어머니

남자현

: 임시정부의 여성지도자

1872년 12월 7일 출생
1933년 8월 22일 사망
1962년 대통령장 서훈

'대한 독립을 위해 손가락을 자른 독립운동가', 누가 떠오르시나요? 대부분 사람은 안중근 의사만을 떠올릴 것입니다. 그러나 여성 독립운동가 중에서도 독립을 향한 의지를 나타내고자 무려 세 번의 단지(손가락을 자름)를 한 사람이 있습니다. 바로 영화 〈암살〉의 여성저격수 '안옥윤' 역할의 모티프가 된 남자현 지사입니다.

48세의 나이에 독립운동에 투신하고자 만주로 망명한 그녀는 연락책, 무기 운반, 무장투쟁 등 독립을 위해 어떤 일이든지 가리지 않고 선봉에 서서 활약했습니다. 독립군 내에서 내분이 일어나자 단지로 단결을 향한 자신의 뜻을 나타내었으며, 독립을 향한 열망을 국제사회에 호소하기 위해 단지를 하여 '한국독립원(韓國獨立願, 한국은 독립을 원한다)'이라는 내용의 혈서를 써서 보내기도 했습니다. 노령의 나이로 조국의 독립을 위해 무엇이든 해냈던 그녀를 임시정부 사람들은 임시정부의 어머니라고 불렀습니다.

훗날 대한민국 정부는 그녀의 공훈을 높게 사, 1962년 당시 여성으로서는 유일하게 2등급 훈격인 대통령장을 서훈하였습니다.

동 풍 신

: 17살의 나이에 순국한 어린 영웅

1904년 출생
1921년 사망
1991년 애국장 서훈

'남쪽에는 유관순, 북쪽에는 동풍신'이라는 말이 있습니다. 어린 나이임에도 두려움에 떨지 않고 당당하게 독립 만세를 외친 기개와 옥중에서 꽃다운 나이에 순국한 안타까운 삶이 유관순 열사와 닮았다 하여 쓰이는 표현입니다. 그러나 북쪽 출신이라는 이유로 그동안 잘 알려지지 않았던 인물이지요.

동풍신 지사는 1919년 3월 15일 함경북도 명천군에서 일어난 만세운동의 주역으로, 당시 15살의 어린 소녀였습니다. 만세운동에 참여한 아버지가 일본경찰의 무차별 사격으로 돌아가셨다는 소식을 들은 그녀는 머리를 풀어헤치고 하얀 소복을 입고 달려가 아버지의 시체를 부둥켜안고 통곡했습니다. 그리고 일어나 텅 빈 거리에서 독립 만세를 외쳤습니다. 어린 소녀의 비장한 외침은 경찰의 사격으로 숨어있던 군중들을 감동시켰고 다시 거리로 뛰어나와 독립 만세를 외치도록 만들었습니다.

이후 그녀는 만세운동의 주모자로 몰려 형무소에 투옥된 후 어머니가 돌아가셨다는 일제의 거짓말에 식음을 전폐하다 17살의 어린 나이로 순국했습니다. 키가 훤칠하고 눈동자가 빛났던 어린 영웅, 그렇게 어린 나이에 순국하지 않았다면 그 앞날이 얼마나 찬란했을까요?

#간우회 #동양척식주식회사 투탄 의거 #난제 신채호

박자혜

: 간호사 독립운동단체 '간우회'의 설립자

1895년 12월 11일 출생
1943년 10월 16일 사망
1990년 애족장 서훈

대한제국 궁녀에서 조선총독부 부속병원 간호사,
독립운동단체 설립자까지

'과격하고 언변이 능한 자. 병원 간호사 전원을 동요시
킨 주모자'

누구를 설명하는 말일까요? 일제가 조선인 감시 보
고서에 기록한 박자혜 지사입니다. 어린 시절 견습 나
인으로 입궁하여 대한제국 궁녀로 살았고, 일제에 의
해 해직당한 후 근대교육을 받고 조선총독부 부속병원
간호사로 근무하기도 했습니다. 3·1운동 당시 많은 부
상자를 치료하면서 총독부의 간호사로 일하는 것에 부
끄러움을 느끼고 간호사 독립운동단체인 간우회를 조
직하여 만세운동을 주도하였으며, 북경에서 단재 신채
호 선생과 결혼하여 독립운동을 함께 하였습니다.

귀국한 후에는 궁핍한 생활과 일제의 삼엄한 감시
속에서도 국내외 연락책 역할을 하고 나석주 의사의
동양척식주식회사 투탄 의거를 돕는 등 독립운동을 지
원했습니다.

박자혜, 그녀는 격동의 시대 속에서 우여곡절을 겪
으면서도 주체적인 삶을 살았던 독립운동가였습니다.

박차정

#조선의용대 부녀복무단장 #항일무장투쟁 #의사 김원봉

: 민족과 여성의 해방을 외치다

1910년 5월 7일 출생
1944년 5월 27일 사망
1995년 독립장 서훈

"우리 조선의 여성은 오랫동안 전통적 속박으로 인권이 유린되어 왔고 다시 일본제국주의에 의해 생존권을 박탈당함으로써 전통적 속박에 의한 가정의 노예일 뿐만 아니라 일본제국주의의 약탈시장의 상품으로 임금노동의 노예로 전락하게 되었다. (…) 우리들이 일본제국주의를 타도하지 않는다면 우리 부녀는 봉건제도의 속박 식민지적 박해로부터 해방되지 못한다. 또 일본제국주의가 타도된다고 하더라도 조선의 혁명이 정치, 경제, 사회 등 각 방면에서 진정한 자유 평등의 혁명이 아니라면 우리 부녀는 철저한 해방을 얻지 못한다"

박차정 지사가 쓴 남경조선부녀회 선언문의 일부입니다. 민족해방과 여성해방이 동시에 이루어져야 한다는 그녀의 생각이 담긴 글이지요. 그녀는 의열단 활동을 하면서 여생도의 교육을 담당하며 많은 여성 독립운동가를 양성하고, 조선의용대 부녀복무단장으로서 여성대원들을 이끌고 항일무장투쟁의 선봉에 섰습니다.

그동안 약산 김원봉의 아내로 더 알려져 있었던 그녀, 그녀는 그 누구보다 준비된 독립운동가였습니다.

방순희

: 대한민국 임시정부 최후의 여성의원

1904년 1월 30일 출생
1979년 5월 4일 사망
1963년 독립장 서훈

"대한의 여성과 청년들이여, 모두 일어나라!"

대한민국 임시정부가 현재 대한민국 정부와 같이 삼권분립으로 구성되었었다는 사실을 아시나요? 임시의정원(입법부), 국무원(행정부), 법원(사법부) 등으로 삼권분립체제를 갖추었으며 이중 임시의정원과 소속 의원은 지금으로 말하자면 국회, 국회의원이었습니다. 방순희 지사는 1938년부터 해방이 되는 1945년까지 임시의정원에서 최장기간 활동한 여성의원이었습니다.

블라디보스토크에서 유년 시절을 보낸 그녀는 러시아 사정에 능통하고 러시아어가 유창했기 때문에 당시 소련대사관을 상대로 적극적인 외교활동을 펼칠 수 있었습니다. 임시정부 승인을 얻기 위해 노력했으며 한국광복군 창설, 조소앙의 건국강령 채택 등 걸출한 능력을 뽐냈습니다. 그녀가 채택에 관여했던 건국강령에는 '부녀는 경제와 국가와 문화와 사회생활상 남자와 평등권리가 있음'이라는 조항이 들어가 있지요.

여성국회의원이자 외교관, 인권운동가였던 그녀의 모습은 현시대를 살아가는 많은 여성에게 여성 롤모델이란 무엇인가를 보여주고 있습니다.

부춘화

: 제주해녀항일운동의 리더,
"모든 일은 나 혼자 했소"

1908년 4월 6일 출생
1995년 2월 24일 사망
2003년 건국포장 서훈

제주해녀항일운동은 1931년 여름부터 이듬해 봄까지 연인원 1만 7,130명이 참가해 238회의 집회와 시위를 벌인 대규모 항일운동으로, 세계적으로도 유례를 찾기 힘들 만큼 규모가 큰 단일 여성단체의 투쟁이었습니다.

일제에 의한 해산물 수탈과 노동 착취가 극에 달하자 제주도의 해녀들은 부당한 현실에 맞서 싸우기 위해 일어났습니다. 해녀 1,000여 명이 구호를 외치며 시위를 벌였고, 빗창(전복을 딸 때 사용하는 도구) 등으로 무장한 채 세화리의 주재소(파출소)를 습격하여 건물을 박살냈습니다. 일본경찰이 체포한 해녀들을 배에 태워 압송하려 하자 800여 명의 해녀들이 부둣가 물속으로 들어가 배가 떠나지 못하도록 마구 흔들어댔을 만큼 격렬한 투쟁이었습니다.

이 투쟁을 이끌었던 부춘화 지사는 일본경찰에 체포된 후 해녀들의 희생을 줄이기 위해 단독으로 주도하였다고 자수하고 모진 고문을 당했습니다. 석방 뒤에도 계속되는 감시와 미행 때문에 일본 오사카로 피신하여 지내다가 광복 후 고향 세화리에서 부인회장을 하면서 해녀들의 권익 옹호에 힘썼습니다.

안경신

: 임신한 몸으로 폭탄을 들고 거사에 나서다

1888년 7월 22일 출생
사망일 알 수 없음
1962년 독립장 서훈

"무력적 투쟁에 앞장서서 강렬한 폭음과 함께 살고 죽으리라"

도시락 폭탄으로 유명한 윤봉길 의사, 이토 히로부미를 사살한 안중근 의사, 동양척식주식회사에 폭탄을 던진 나석주 의사 등 이들은 모두 투탄과 사살로 널리 알려진 독립운동가입니다. 그러나 임신 7개월의 몸으로 폭탄을 던졌던 여성 독립운동가의 존재를 아는 사람은 적습니다. 그녀는 바로 안경신 지사입니다.

그녀는 평화적인 방법으로는 독립할 수 없으며 오직 무력투쟁으로만 가능하다고 생각했습니다. 평소 "나는 일제침략자를 놀라게 해서 그들을 섬나라로 철수시킬 수 있는 방법이 무엇인가를 곰곰이 생각해 보았다. 그것은 곧 무력적인 응징이다"라는 말을 하며 포부를 드러냈으며, 그것이 임신부의 몸으로 투탄 의거에 자원한 이유였을 것입니다.

그러나 이 사건으로 인해 7년 동안 감옥생활을 해야 했으며, 출소한 그녀를 기다리고 있던 것은 그녀가 아끼던 사람들의 죽음과 비극뿐이었습니다. 출옥한 이후 삶의 행적마저 남지 않았으며 유족을 찾지 못해 아직까지 국가보훈처가 훈장을 보관하고 있다고 합니다.

안
맥
결

: 일제강점기에는 독립운동가로,
해방 후에는 경찰로

1901년 1월 4일 출생
1976년 1월 14일 사망
2018년 건국포장 서훈

독립유공자 서훈 기준은 '옥고 3개월'?

안맥결 지사는 3·1운동과 10·1만세운동에 참여하였으며, 여성항일운동단체 결백단의 임원으로서 대한민국 임시정부에 군자금을 전달하는 등 일제강점기 조국의 해방을 위해 노력했던 독립운동가였습니다. 해방 이후에는 1기 여자경찰간부로 임용되어 서울여자경찰서장, 여경계장, 국립경찰전문학교 교수로 재직하는 등 경찰로서 조국의 안녕을 위해 최선을 다했습니다.

그럼에도 안맥결 지사는 해방 후 73년이 지나서야 독립유공자로 인정받을 수 있었습니다. 그 이유는 독립유공자 기준 '옥고 3개월' 때문이었습니다.

그녀는 1937년 일본경찰에 검거되어 만삭의 몸으로 고문을 견디며 옥고를 치르다가 만삭의 몸이라는 점이 참작되어 투옥된 지 한 달여 만에 가석방되었습니다. 국가보훈처는 '옥고 3개월'이라는 기준에 미치지 못했다는 이유로 유족이 낸 서훈 심사 신청을 십여 년간 받아들이지 않다가 2018년 정부가 일부 기준을 완화한 후에야 건국포장을 추서했습니다.

오
광
심

: 한국 여군의 효시

1910년 3월 15일 출생
1976년 4월 7일 사망
1977년 독립장 서훈

"광복군은 남자의 전유물이 아니오" 한국광복군 기간지 『광복』 창간호에 기고된 오광심 지사의 글 「한국여성동지들에게 일언을 드림」의 한 문장입니다. 광복군은 삼천만 국민의 군대이며 그 가운데 반은 여성이기에 광복군은 남성의 전유물이 아니며 여성의 것도 된다는 이야기입니다. 덧붙여 "우리 여자가 없으면 세계를 구성할 수 없을 것이며 또한 우리 민족을 구성하지 못할 것이다"라는 말로 여성의 존귀한 존재성을 강조하면서 여성의 독립운동 참여를 호소하였습니다.

그녀의 말마따나 당시 한국광복군에서는 많은 여성이 목숨 바쳐 활동했었습니다. 창설 당시 6명이었던 여성대원의 수는 점차 늘어나 100명 가까이 되었으니까요. 여성의 항일무장투쟁은 광복군뿐만이 아니었습니다. 윤희순 지사의 안사람 의병단, 박차정 지사의 조선의용대 부녀복무단, 그리고 대원의 1/3이 여성이었던 한국광복진군 청년공작대 등 항일운동의 최전선에서 총칼, 확성기 등을 들고 나섰던 수많은 여성이 있었습니다.

나라와 여성의 권리 신장을 위해 혼을 바쳐 노력했던 그녀들이 있었기에 지금의 대한민국이 존재하는 것이겠지요.

유관순

: 두려움 없이 당당했던 독립운동가

1902년 12월 16일 출생
1920년 9월 28일 사망
2019년 대한민국장(1962년 독립장) 서훈

"우리들은 너희들에게 형벌을 줄 권리는 있어도 너희들은 우리를 재판할 그 어떤 권리도 명분도 없다"

오랫동안 우리는 여성 독립운동가 또는 3·1운동이라 하면 유관순 열사 한 분만을 떠올려 왔습니다. 어렸을 적부터 대중 매체를 통해 보고 들어온 결과지요. 여성 독립운동가도 3·1운동에 참여했던 사람도 수없이 많은데 왜 유관순 열사가 이토록 강렬하게 사람들의 머릿속에 남았을까요? 그것은 아마 그녀의 '기개' 때문이 아닐까 싶습니다.

기개의 사전적 의미는 '씩씩한 기상과 굳은 절개'입니다. 열사는 만세운동을 주도하였다는 혐의로 수감된 후에도 옥중에서 끊임없이 대한 독립 만세를 외쳤습니다. 모범적인 수감생활을 하며 조용히 지냈다면 살아서 나올 수 있었겠지만 유관순 열사는 그러지 않았습니다. 그것은 '나는 죄를 짓지 않았다. 죄를 지은 것은 일본 너희다'라는 굳은 신념과 두려움을 이겨내는 기개가 있었기 때문일 것입니다.

2019년, 대한민국 정부는 3·1운동 100주년을 맞아 유관순 열사에게 대한민국 여성 최초로 1등급 훈격인 대한민국장을 서훈하였습니다.

#여성의병장 #인사람 의병단 #병정의 노래

윤희순

우리나라 최초, 유일의 여성의병장

1860년 6월 25일 출생
1935년 8월 1일 사망
1990년 애족장(1983년 대통령표창) 서훈

"남정네만 의병 하면 무슨 수로 하오리까"

유인석, 최익현, 신돌석 등 역사 교과서를 통해 배웠던 의병장의 이름을 기억하시나요? 여기 역사 교과서에서 보지 못한 또 한 명의 의병장이 있습니다. 그녀는 바로 우리나라 최초이자 유일의 여성의병장, 윤희순 지사입니다.

1895년 을미년 시아버지 유홍석이 일으킨 의병대를 뒷바라지하고, 「안사람 의병가」, 「병정의 노래」 등 의병가를 지어 사기를 북돋웠던 그녀는 1907년 정미의병 때부터 본격적으로 의병 활동에 뛰어들었습니다. 군자금을 모집해 탄약 제조소를 직접 운영하며 의병들에게 탄약을 공급하였고, 여성 30여 명으로 조직된 여성의병대, 안사람 의병단을 결성하여 훈련에 참여했으며, 남장을 하고 정보수집에 나서기도 했습니다. 한일병합 이후에 의병이 와해되자 가족들과 함께 만주로 망명하여 노학당을 세우고, 의병 가사를 보급하는 등 항일투쟁을 이어갔습니다.

여성의 사회활동이 거의 불가능했던 시절, 독립투쟁의 최일선에서 맹렬하게 활동한 윤희순 지사의 이름을 역사 교과서에서도 만나볼 그 날을 고대합니다.

이광춘

: 소녀, 광주학생항일운동의 불을 지피다

1914년 9월 8일 출생
2010년 4월 12일 사망
1996년 건국포장 서훈

"친구들은 감옥에 있는데 우리만 시험을 볼 것이냐"

3·1만세운동, 6·10만세운동과 더불어 일제강점기 3대 민족운동이라 불리는 광주학생항일운동이 소녀들의 댕기머리에서 시작되었다는 것은 꽤 알려진 일입니다. 일본인 남학생이 한국인 여학생들의 댕기를 당기며 희롱하자 한국인 학생과 일본인 학생 사이에 충돌이 생기고 그간 쌓여왔던 민족감정이 터져 광주학생항일운동으로 이어진 것이었지요.

희롱당한 여학생 중 한 명이었던 이광춘 지사는 광주여자고등보통학교(이하 광주여고보)에 다니고 있었으며 교내 항일비밀결사조직 소녀회의 회원으로 활동 중이었습니다. 11월 3일, 시위가 일어나자 그녀는 광주여고보 학생들을 이끌고 나가 치마에 돌멩이를 싸 들고 다니며 항거했습니다. 이듬해에는 구속당한 학생들의 석방을 요구하며 백지시험 동맹을 주도하다 체포되어 가혹한 고문을 받고 풀려났습니다.

그녀는 이 사건으로 퇴학까지 당했으나 주동자 인정이 안 되고 옥고를 치르지 않았다는 이유로 독립유공자 신청이 오랜 시간 받아들여지지 않다가 1996년에서야 서훈받을 수 있었습니다.

#총연맹적 노동운동 #이육사 시인

이병희

: 이육사의 시를 후대에 전해준 독립운동가

1918년 1월 14일 출생
2012년 8월 2일
1996년 애족장 서훈

"다시 천고의 뒤에 백마 타고 오는 초인이 있어 이 광야에서 목 놓아 부르게 하리라" 이육사 시인의 대표적인 저항시 「광야」의 마지막 연입니다. 일제강점기의 암담한 현실을 극복하려는 의지와 광복에 대한 염원을 노래한 시로, 고등학교 국어 교과서에도 실려 있어 많은 사람에게 널리 알려진 시이지요. 이 시가 후대에 전해질 수 있었던 것은 한 여성 독립운동가의 노고 덕분이었습니다.

그녀의 이름은 이병희. 대대로 독립운동을 한 집안에서 태어나 노동운동을 통해 항일투쟁을 한 독립운동가입니다. 그리고 이육사 시인의 친척이자 동지였으며 일제로부터 그의 시신과 유고시를 인도받아 유족에게 전해준 사람이었습니다.

그녀는 일제가 이육사 시인의 시신을 훼손하지 못하도록 재빨리 화장하였으며 유족에게 온전히 넘겨주기 위해 유골함을 언제나 품에 안고 다녔습니다. 혹여나 일제가 빼앗아갈까 봐 맞선 보는 자리에도 유골함을 안고 갔다고 합니다. 이러한 노력 덕에 이육사 시인의 유해와 「광야」, 「청포도」 등의 시는 후대에 전해질 수 있었습니다. 이제부터 이육사 시인의 시를 읽을 때 한 번쯤은 그녀의 이름을 떠올려 보는 것은 어떨까요?

이
혜
련

: 재미 동포 사회의 대모

1884년 4월 21일 출생
1969년 4월 21일 사망
2008년 애족장 서훈

"그분은 첫째가 조국, 둘째가 담배, 그리고 아내와 자식은 열두 번째였어요" 독립운동가이자 도산 안창호 선생의 아내 이혜련 지사가 신혼생활을 회고하며 남긴 말입니다. 애국지사의 삶은 자신과 가족의 희생이 불가피한 삶이었습니다. 오롯이 자신과 가족의 부귀영달을 위해 나라를 버렸던 친일파의 삶과는 극명하게 다를 수밖에 없었습니다.

안창호 선생도 한평생 가족에게 소홀했던 것에 대한 미안한 마음을 담아 다음과 같은 내용의 편지를 쓰기도 했습니다. "내가 지금까지 아내에게 치마 하나, 저고리 한 감 사 준 일이 없었고, 필립에게도 공책 한 권, 연필 한 자루 못 사주었다. 그러한 성의가 없었던 것은 아니나 여러 가지 사정으로 그랬는데, 여간 죄스럽지 않다"

안창호 선생이 한국, 미국, 중국과 러시아를 오가며 독립운동의 최전선에서 활동했다면 이혜련 지사는 재미 동포 사회를 이끈 지도자였습니다. 대한여자애국단의 창단 멤버이자 총단장으로서 국내외 독립단체와 조직적으로 연대하고 독립자금을 보탰으며, 한국전쟁 때는 전쟁구호품을 보내는 등 국내외를 아우르는 독립운동가의 삶을 살다간 주체적인 여성이었습니다.

#백범 김구의 비서 #조선의용대 부녀복무단

이
화
림

: 윤봉길·이봉창 의거의 숨은 조력자

1905년 출생
1999년 2월 10일 사망
미서훈

윤봉길, 이봉창… 그리고 이화림이 있었다.

　윤봉길 의사의 도시락폭탄 의거, 이봉창 의사의 일왕 암살 시도 의거는 역사를 공부한 사람이라면 누구나 알고 있는 사건입니다. 그러나 이 두 사건에 여성 조력자가 있었다는 사실을 아는 이는 드뭅니다. 그녀의 이름은 이화림, 해방 후 70년 가까이 드러나지 않다가 중국에서 한 유학생(박경철 박사)에 의해 자서전이 발견되면서 세상에 알려지게 됐습니다.

　그녀는 김구 선생의 신임을 한 몸에 받으며 비서 임무를 수행하던 인물이었습니다. 윤봉길 의사와 일본인 부부로 가장한 후 현장답사하며 사건을 계획했으며, 이봉창 의사에게 폭탄을 숨길 바짓가랑이 주머니를 만들어 주고, 나물 장사, 수놓기 등으로 돈을 벌어 임시정부에 경비를 지원하기도 했습니다.

　이후 그녀는 테러만으로는 독립을 이룰 수 없다는 신념에 따라 김구 선생을 떠나 독립운동을 이어갔습니다. 자신을 떠난 이유 때문인지 그녀의 이름은『백범일지』에 단 한 글자도 기록되지 않았고 그렇게 세월이 흘러 그녀의 이름은 잊히고 말았습니다. 백범 김구의 비서로, 두 의거의 조력자로, 조선의용대 부녀복무단 부대장으로 활동했던 항일투사, 이화림. 그녀의 이름을 이제라도 기억해야 할 것입니다.

이효정

: 종연방적 여공 총파업 주동자

1913년 7월 28일 출생
2010년 8월 14일 사망
2006년 건국포장 서훈

2006년 8월, 광복 61주년을 맞아 포상받은 독립운동가 가운데 사회주의계열 독립운동가가 다수 포함돼 있어 세간의 시선을 끌었습니다. 그중에는 당시 생존해 있는 최고령 여성 독립운동가 이효정 지사도 있었습니다.

이효정 지사는 동덕여자고등보통학교 백지동맹 주도, 종연방적 여공 총파업 주도 등 항일운동과 노동운동에서 적극적으로 활약했던 독립운동가였으나, 오랫동안 그늘에 가려 있었습니다. 일제강점기에 사회주의운동을 했고 그녀의 남편이 한국전쟁 이후 월북했다는 이유 때문이었습니다. '빨갱이 가족'이라는 낙인이 찍혔고 수시로 고문과 취조를 겪으며 옥살이를 하는 등 고통스러운 삶을 살아야 했습니다. 그녀의 고모 이병희 지사 또한 이육사 시인의 유해와 유고시를 전한 독립운동가임에도 사회주의운동을 했다는 이유로 화를 입을까 봐 서훈받기 전에는 독립운동했다는 사실을 자식에게도 말하지 않고 살아왔다고 밝혔습니다.

일제강점기 당시 사회주의운동은 독립운동의 방편이었던 만큼 독립운동은 독립운동 그 자체로 평가받아야 할 것입니다.

이
희
경

: 하와이 이민 1세 독립운동가

1894년 1월 8일 출생
1947년 6월 26일 사망
2002년 건국포장 서훈

'사진결혼'은 하와이로 노동이민을 떠났던 한인남성들이 고국의 여성과 결혼하기 위해 사진을 보내어 선을 보고 결혼하는 방식이었습니다. 비교적 넉넉한 집안에서 고등학교까지 다녔던 이희경 지사가 고국을 떠나는 것을 감수하고 사진결혼을 택한 이유는 미국에 가면 대학을 다니며 공부할 수 있을 것이라는 기대감 때문이었습니다.

그러나 막상 하와이에 도착해보니 가난한 살림에 공부는 꿈도 꿀 수 없는 상황이었습니다. 실망감이 컸지만 이내 생각을 바꾸어 한인 여성들과 함께 조직을 결성하여 한인사회 발전과 조국 독립을 향한 왕성한 활동을 전개했습니다. 또한, 배움에 대한 열정으로 머나먼 타국으로의 결혼도 마다않았던 어머니의 자식답게 그녀의 자식들과 후손들은 하와이에서 대학을 나오고 대다수가 고학력을 가질 수 있었습니다.

해방 이후 남편과 함께 조국에 귀국하려 수차례 시도했지만 하와이에서 반 이승만 노선을 걸었던 일이 발목을 잡아 번번이 좌절되었으며, 2004년에야 부부의 유해가 고국의 품으로 돌아와 국립 대전현충원에 안장되었습니다.

정
정
화

: 임시정부의 안주인

1900년 8월 3일 출생
1991년 11월 2일 사망
1990년 애족장 서훈

'임시정부에서 그녀의 밥을 얻어먹지 않은 사람은 없다' 대한민국 임시정부 안에서 정정화 지사가 지녔던 존재감을 나타내는 말입니다.

당시 임시정부의 재정 상황과 생활 수준은 열악했습니다. 그녀는 말년에 펴낸 회고록 『장강일기』(1998)를 통해 임시정부 생활을 자세히 서술하였는데, 식생활이라고 해야 가까스로 주먹덩이밥을 면할 정도였으며 변변한 옷 한 벌이 없었고 신발 따위는 사치였다고 기록했습니다.

이런 상황에서 그녀는 자신이 할 수 있는 일을 묵묵히 해냈습니다. 임시정부의 안살림을 도맡아 독립운동가들의 식사와 생활을 책임졌으며 상해에서 한국까지 여섯 번이나 국경을 넘나들며 독립자금을 조달하는 밀사의 역할도 수행했습니다.

조국 광복을 위해 헌신했던 그녀는 훗날 회고록의 서문에서 이렇게 말했습니다. "다만 민족을 대표하는 임시정부가 내게 할 일을 주었고, 내가 맡은 일을 했을 뿐이다. 주어지고 맡겨진 일을 모르는 체하고 내치는 재주가 내게는 없었던 탓이다. 그러니 나를 알고 지내는 주위 사람들이 나를 치켜세우는 것은 오로지 나의 그런 재주 없음을 사 주는 까닭에서일 것이다"

정
칠
성

: 조선의 페미니스트

1897년 출생
1958년 사망
미서훈

"가정과 사회에서 무시당하고 열등한 인간 취급을 받던 여성들이여, 잠에서 깨어나라"

독립유공자 자료를 기록하는 사이트, 《공훈전사사료관》에서 '정칠성'이란 이름으로 검색되는 사람은 농민운동을 통해 항일운동을 벌인 남성독립운동가 '정칠성'뿐, 여성 '정칠성' 지사는 찾아볼 수 없습니다. 그녀는 어떤 삶을 살았던 인물일까요?

정칠성 지사는 기생에서 여성운동가이자 독립운동가로, 광복 후에는 북한사회 고위공직자까지 거친 파란만장한 삶을 살았던 인물입니다. '금죽'이란 기명으로 살아가던 그녀의 삶은 1919년 3월 1일 이후로 180도 달라졌습니다. 민족대표 33인이 태화관에서 독립선언서를 발표할 때 그곳에서 일하던 그녀도 동참하면서 이전까지의 삶과 작별을 고한 것이었습니다. 그녀는 좌우합작여성항일단체 근우회의 집행위원으로 활동했으며, 민족해방과 여성해방을 부르짖으며 순회강연을 다니고 글을 써서 신문과 잡지에 기고했습니다.

현재 그녀의 기록을 찾아보기 어려운 이유는 북한의 고위공직자였다는 이력 때문일 것입니다. 이념은 달랐을지언정 독립에 대한 열망은 같았을 것인데, 이런 이유로 공훈을 인정받지 못하는 것은 우울한 한국현대사가 낳은 비극이라 할 수 있을 것입니다.

조마리아

: 안중근 의사의 어머니이자
스스로 독립운동가

1862년 출생
1927년 7월 15일 사망
2008년 애족장 서훈

"네가 나라를 위해 이에 이른즉 딴마음 먹지 말고 죽으라. 옳은 일 하고 받은 형이니 비겁하게 삶을 구걸하지 말고 대의에 죽는 것이 어미에 대한 효도이다" 조마리아 지사가 이토 히로부미를 처단했던 독립운동가이자 맏아들이었던 안중근에게 보내는 편지의 내용 일부입니다. 서릿발같이 차가우면서도 독립에 대한 뜨거운 열망이 담긴 이 말은 많은 이에게 감동을 주었으며, '그 어머니에 그 아들'이라는 감탄이 나오도록 만들었습니다. 그리고 이 말은 아들뿐 아니라 그녀 자신에게도 다짐하듯 한 말이었을 것입니다.

조마리아 지사는 본래 애국심이 뛰어난 사람이었습니다. 장남 안중근을 포함하여 차남 안정근, 삼남 안공근, 딸 안성녀까지 독립운동에 뛰어든 것은 그들의 뿌리였던 어머니의 영향이 적지 않았을 것입니다. 그녀는 국채보상운동 당시 은장도, 은가락지, 은귀걸이 등 값나가는 것들을 아낌없이 내놓았으며, 안중근 의사 사후에는 러시아 동부 각지를 돌며 독립의식 고취를 위해 힘썼습니다.

안중근 의사의 어머니로 더 많이 알려졌던 그녀, 이제는 독립운동가 조마리아 지사로도 기억되었으면 좋겠습니다.

조 신 성

: 대한독립청년단 총참모

1873년 출생
1953년 5월 5일 사망
1991년 애국장 서훈

가슴에 육혈포·탄약·다이너마이트를 품고 남성 단원들을 이끌다.

일본 관공서 파괴, 일본에 부역했던 관공리 처단, 일본경찰서와 군청에 사형선고서·협박장 발송, 무기 탈취, 호랑이굴 안에서 인쇄기 3대와 1만 2000자의 활자로 선전물 제작… 이토록 격렬한 무장투쟁을 벌였던 대한독립청년단(맹산독립단)의 지도자격 총참모가 48세의 여성이었다는 것이 믿겨지시나요? 그녀는 바로 조신성 지사입니다.

그녀는 교육, 무장투쟁, 여성계몽운동 등 다양한 분야에서 활동했습니다. 지역 소학교, 이화학당을 거쳐 도산 안창호 선생이 설립한 진명여학교의 교장을 지내는 등 교육활동에 힘썼으며, 1920년대에는 대한독립청년단의 총참모로서 무장투쟁의 선봉에 섰고, 근우회 활동, 여성실업장려회 조직 등 여성의 권익 향상, 경제적 각성을 위해서도 노력했습니다.

아래의 내용은 조신성 지사가 환갑연에서 밝힌 것으로 그녀가 어떤 신조로 살아왔는지 조금이나마 엿볼 수 있는 부분입니다.

"다만 내가 부끄럽지 않은 것은 육십 평생 비가 오거나 눈이 오는 것을 가려 내가 맡은 공사를 저버린 적은 없다. 이것이 나의 신조요, 기운이었다"

지
복
영

: 장군의 딸, 직접 전투에 서다.

1920년 4월 11일 출생
2007년 4월 18일 사망
1990년 애국장 서훈

조국 독립을 위함에 남녀노소의 차이가 있으랴.

지복영 지사는 한국광복군에 복무하며 항일투쟁을 전개했던 여성 독립운동가입니다. 그녀는 1996년 『한겨레』와의 인터뷰에서 "임시정부 헌법이 빈부와 신분의 귀천을 구별하지 않고 특히 남녀평등을 강조한 데 자극받아 미력이나마 일조를 하고 싶어서였다"라고 입대 동기를 밝혔습니다.

한국광복군은 의식주는 물론 군사훈련도 특별한 경우를 제외하고는 나이, 성별, 신구의 구별 없이 동등하게 받았습니다. 특히 여성대원들은 자신이 남성대원들보다 역량이 떨어지지 않는다는 인식을 심어주기 위해 부단히 노력했습니다.

당시 많은 여성 독립운동가들은 항일투쟁의 길이 여성해방의 지름길이라는 생각을 지니고 있었고, 이는 지복영 지사 또한 마찬가지였습니다. 이 점은 광복군 기간지 『광복』 창간호에 기고된 지사의 글에서도 나타납니다.

"이중 삼중의 압박에 눌리어 신음하던 자매들! 어서 빨리 일어나서 이 민족해방 운동의 뜨거운 용로 속으로 뛰어오라. 과거의 비인간적 생활은 여기서 불살라 버리고 앞날의 참된 삶을 맞이하자"

차미리사

: 여성의 독립이 곧 조선의 해방이다

1880년 8월 21일 출생
1955년 6월 1일 사망
2002년 애족장 서훈

"남자의 덧붙이가 되지 말라"

살되, 네 생명을 살아라

생각하되, 네 생각으로 하여라

알되, 네가 깨달아 알아라

위의 문구는 차미리사 지사의 좌우명이자 현 덕성여자대학교의 창학이념입니다. 그녀는 부모님으로부터 "완전히 독립하여 살아갈 생각을 하라"는 말을 듣고 자랐다고 합니다. 어릴 때부터 주체적인 삶에 대한 교육을 받은 셈입니다.

19살의 나이에 남편을 잃은 뒤 중국, 미국으로 유학을 떠난 그녀는 독립운동가, 항일운동단체와 인연을 가지면서 독립에 대한 의지를 다지게 되었고 여성교육을 통해 조국을 돕겠다는 신념을 가지게 되었습니다. 귀국 후 배화학당의 교사로서 학생들에게 민족의식을 고취하는 한편 "남자의 덧붙이가 되지 말라"라고 하며 자기 인생의 주인이 될 것을 강조하였습니다. 여자야학강습소를 열고, 조선여자교육회를 조직하여 대중적 여성교육활동의 선두에 섰으며 현 덕성여자대학교의 전신인 근화학원을 설립한 그녀는 여성교육의 횃불 같은 존재였습니다.

#소설 상록수 #농촌계몽운동

최 용 신

: 농촌계몽운동을 이끌었던 여성지도자

1909년 8월 12일 출생
1935년 1월 23일 사망
1995년 애족장 서훈

소설『상록수』는 1935년 동아일보에 연재되던 심훈의 장편소설로 일제강점기 농촌을 배경으로 주인공들이 농촌계몽운동을 펼치는 이야기를 다룬 작품입니다. 당시 많은 인기를 끌었으며 1961년 영화로 제작되기도 했지요. 이 작품의 주인공 채영신은 실제인물을 바탕으로 만들어졌는데, 그가 바로 최용신 지사입니다.

그녀는 학창시절부터 일제의 식민 수탈로 피폐해진 농촌에 민족계몽운동이 필요하다고 생각했습니다. 졸업 후 YWCA 농촌지도부 파견 교사로서 샘골(현재의 안산 상록구)로 내려가 예배당을 빌려 야학강습소와 학원을 운영하며 민족의식 고취와 문맹 퇴치를 위해 힘썼습니다.

그러나 일제의 탄압과 재정 악화로 학원 운영이 어려워졌고, 이를 해결하기 위해 백방으로 애쓰다가 결국 과로로 26살이라는 젊은 나이에 숨을 거두고 말았습니다. 사회장으로 치러진 그녀의 장례식에는 아이들 200여 명을 비롯한 1천여 명의 사람들이 상여 뒤를 따르며 젊은 농촌계몽가이자 독립운동가의 죽음을 애도하였습니다.

최은희

: 신문계의 패왕霸王

1904년 11월 21일 출생
1984년 8월 17일 사망
1992년 애족장 서훈

경성여고보 3·1운동을 이끌던 소녀, 신문계의 패왕이 되다.

'신문계의 패왕'이라 불린 여성 독립운동가가 있었습니다. 그녀의 이름은 최은희. 경성여고보 3·1운동, 배천 3·1운동의 주도자이며 일제강점기에 왕성한 활동을 펼쳤던 여성기자입니다.

그녀는 신문 지면에 '가정란'을 만들어 부인들이 알아야 할 상식, 여성의 위치, 여권을 높이는 길에 관한 기사를 썼으며 남자들조차 꺼렸던 아편굴, 매음굴과 같은 사회의 그늘진 곳을 취재하여 사회상을 드러내는 데 힘썼습니다. 한국 최초로 비행 취재를 했으며, 6·10만세운동을 호외로 특종 보도하여 '신문계의 패왕'이라는 칭호를 얻는 등 기자로서 큰 족적을 남겼습니다.

해방 후에는 여성의 정계 진출을 추진하는 여성입각운동을 벌였으며 일제강점기 여성의 투쟁사를 수집·기록하여 많은 여성 독립운동가가 세상에 드러날 수 있는 근간을 마련했습니다.

조선일보는 선구적인 여성기자로서 근대여성의 직업 세계를 개척하고 여성인권에 도움이 되는 행보를 걷고자 노력했던 그녀의 뜻을 기려 1984년부터 매년 헌신적인 취재와 보도 활동을 하는 여성기자들에게 '최은희 여기자상'을 수상하고 있습니다.

최
정
숙

: 우리나라 최초의 여성 교육감

1902년 2월 10일 출생
1977년 2월 22일 시망
1993년 대통령표창 서훈

도끼로 문을 부수고 달려 나가 독립 만세 외친 '소녀 결사대'

'불의코 백년 살지 말고 의코 하루 살아라'

1919년 3월 1일, 경성여자고등보통학교(이하 경성여보고) 학생들은 학교 화장실 벽에 적힌 이 문구를 보고 결의를 다졌습니다. 그리고 탑골공원에서 대한 독립 만세 소리가 들리자 자물쇠로 잠겨 있던 기숙사 대문을 도끼로 부수고 달려 나갔습니다.

경성여고보생들의 3·1운동 참여는 학교 내 항일비밀결사조직이었던 소녀결사대(최정숙, 강평국, 고수선 등 79명)에 의해 조직적으로 이루어졌습니다. 그들은 독립선언서를 쓴 유인물을 살포하고, 일편단심을 뜻하는 수천 개의 붉은 댕기를 만들어 나누어 주며 참여를 유도했습니다. 특히 최정숙 지사는 만세운동에 나서며 속옷에 주소, 성명, 학교, 고향, 부모 이름까지 써 붙일 정도로 결사 항전의 의지를 불태웠으며, 이 사건의 주도자로 몰려 8개월간 옥고를 치렀습니다.

이후 그녀는 여성계몽운동에 앞장서고 교사로서 민족교육과 인재양성에 힘썼으며 여성 최초 교육감 자리에도 오르는 등 평생을 교육운동에 바쳤습니다.

허은

#뒷바라지 #든든한 뒷배 #임청각 종부

든든한 지원군으로서의 독립운동가

1909년 5월 9일 출생
1997년 5월 19일 사망
2018년 애족장 서훈

군복 만들고, 밥 짓고… 뒷바라지는 독립운동이 아닌가요?

허은 지사는 명문 독립운동가 집안의 며느리로서 가족들과 험난한 독립운동의 길을 함께 걸었던 독립운동가였습니다.

그녀의 시아버지는 임시정부의 초대 국무령을 지냈던 석주 이상룡 선생이었기에 수없이 많은 독립투사가 끊임없이 집안을 드나들었습니다. 허은 지사를 비롯한 집안의 여자들은 광목과 솜뭉치를 산더미처럼 쌓아놓고 독립군들이 입을 군복을 손수 짓고, 식사와 잠자리를 제공하는 등 헌신적으로 뒷바라지했습니다. 독립투사들이 독립운동에 전념할 수 있도록 든든한 지원군이 되어준 셈입니다. 독립운동의 현장에서 겪은 고난과 생생한 이야기는 그녀의 증언을 바탕으로 한 회고담 『아직도 내 귀엔 서간도 바람소리가』(1995년)에 자세히 구술되어 있습니다.

그러나 허은 지사가 독립군의 식사를 제공하고 군복을 만들어 뒷바라지한 일들은 그간 독립운동으로 인정받지 못하다가 2018년에야 독립운동가로 서훈받을 수 있었습니다. 당시 많은 여성이 감당했을 희생과 지원 활동이 이제라도 제대로 평가받게 되어 다행입니다.

허
정
숙

: 자유연애론을 주창한
독립운동가이자 여성운동가

1902년 출생
1991년 사망
미서훈

"이중노예를 만드는 우리의 환경에 반역하자"

허정숙은 민족해방과 계급해방, 여성해방을 동시에 지향한 사회주의계열 여성운동가입니다.

민족해방인 독립을 위해 조선여성동우회, 조선여성해방동맹 등 여성항일단체를 조직했으며, 근우회 간부로 서울여학생시위를 지원하였다가 체포되어 징역 1년을 받고 투옥되었습니다. 1930년대에는 중국으로 망명하여 항일무장투쟁에 참여했습니다.

여성해방을 위해서는 『동아일보』에서 기자로, 잡지 『신여성』에서 편집장으로 활동하며 여성해방에 관한 글을 실었고, 여성해방과 반봉건운동 차원에서 스스로 단발머리로 자르고 단발운동을 주도하기도 했습니다. 2018년 11월에는 단발운동에 관한 이야기 등 그녀가 쓴 글을 엮은 책 『나의 단발과 단발 전후』(2018)가 크라우드 펀딩을 통해 출간된 바 있습니다. '자유연애론'을 주장하며 여러 번의 결혼과 이혼을 겪었기에 자유연애론을 처음 주장한 러시아 여성혁명가 콜론타이의 이름을 따 '조선의 콜론타이'로 불리기도 했습니다.

그녀는 여성의 사회진출이 힘들었던 시절 민족해방과 여성해방을 부르짖었던 여성운동가이자 독립운동가였습니다.

홍씨

이름 한 자 온전히 갖지 못했던
독립운동가

출생일 알 수 없음
1919년 3월 3일 사망
2002년 애국장 서훈

조국은 내게 이름조차 지어주지 않았지만, 나는 조국을 지켰습니다.

그녀의 이름은 '홍씨', 또는 '한봉주 부인'이란 이명으로 기록되어 있습니다. 당시의 여성들은 이름을 갖지 못한 경우가 많았습니다. 최초의 자비 유학생이자 수많은 여성 독립운동가의 스승으로 알려진 김란사 지사 또한 세례명을 받아 이름을 짓기 전에는 '김씨'로 불리었으니까요.

홍씨. 그녀는 1919년 3월 3일, 평안남도 안주읍 안주군에서 일어난 만세운동에 참여하여 체포된 사람들의 석방을 요구하다가 일본경찰들의 무차별 사격으로 그 자리에서 순국했습니다. 여성에게 매정했던 조국은 그녀에게 온전한 이름 한 자 지어주지 않았지만 그녀는 조국을 위해 소중한 목숨을 바친 셈입니다.

현재 독립유공자공훈록에는 그녀 외에도 이름 없이 '김씨'로 기록되어 있는 여성 독립운동가가 두 명 더 있습니다. 그녀들과 더불어 이름조차 없어 기록으로 남지도 못했을 수많은 여성이 있었음을 기억해야 할 것입니다.

황에스터

: 대한 독립을 위한 작은 밀알

1892년 4월 19일 출생
1971년 8월 24일 사망
1990년 애국장 서훈

대한민국 여성독립운동사의 굵직굵직한 사건들을 살펴보면 곳곳에 기록되어 있는 이름이 하나 있습니다. 그녀의 이름은 황에스터(황애시덕). 대한 독립과 평화를 위해 끝없이 노력했던 독립운동가입니다.

그녀는 평양 숭의여학교 교사로서 교내 항일비밀결사조직 송죽회(송죽결사대)를 조직·활동하였습니다. 일본 유학 당시 2·8독립선언의 현장에 있었으며 김마리아 지사와 함께 독립선언서를 가지고 귀국한 후 독립사상을 전파하면서 3·1운동 확산의 밑거름이 되었습니다. 대표적인 여성독립단체였던 대한민국애국부인회와 근화회를 조직·활동하였으며 농촌계몽운동을 전개하여 최용신 지사가 농촌의 여성지도자로 성장하도록 영향을 주었습니다. 여성의 경제적 각성을 촉구하는 경성여자소비조합을 결성하는 등 여성인권을 위해 노력하기도 했지요.

미국 순방 도중 한국전쟁이 일어나자 구호품을 모아 조국으로 보냈고 귀국한 후 전쟁미망인과 고아 교육에 앞장섰으며 3·1여성동지회를 조직하여 여성 독립운동가를 알리는 데 힘썼습니다. 대한 독립과 평화를 위해 끝없이 고군분투했던 그녀는 존재 자체로 여성독립운동의 역사입니다.

그녀,

강주룡	방순희	정칠성
곽낙원	부춘화	조마리아
권기옥	안경신	조신성
김락	안맥결	지복영
김란사	오광심	차미리사
김마리아	유관순	최용신
김명시	윤희순	최은희
김알렉산드라	이광춘	최정숙
김향화	이병희	허은
김현경	이예린	허정숙
남자현	이화림	홍씨
동풍신	이효정	황에스터
박자혜	이희경	
박차정	정정화	

투쟁의 기록

강주룡

남편 최전빈과 함께 대한독립단에서 활동했다. 갑작스러운 남편의 죽음 이후 친정 식구들과 고국으로 돌아와 평양의 평원고무공장에서 여공으로 일하면서 가장 역할을 했다.

세계적인 경제 공황으로 고무공업이 타격을 입자, 평양고무공업조합은 본래 임금의 17% 삭감을 노동자들에게 일방적으로 통고했다. 이에 강주룡 지사와 고무공업 노동자들은 일제와 자본가들을 비판하며 반대투쟁을 일으켰다. 평원고무공장 파업을 주도하던 중 일본경찰에 의해 공장에서 쫓겨나자, 강주룡 지사는 높이 12m의 을밀대(고구려 때 지어진 누각) 지붕으로 올라가 "여성해방! 노동해방!"을 외치며 자신들의 투쟁을 세상에 알렸다.

고공 농성 8시간 만에 일본경찰에 의해 끌어내려져 1주일 구류처분을 받았다. 그러나 출옥한 지 이틀 만에 적색노조사건에 연루되어 근 1년의 투옥 생활을 하였다. 투옥 중 극심한 신경쇠약, 소화불량으로 보석 석방되었으나 병세가 악화되어 두 달 만에 숨을 거두었다.

곽낙원

1896년 치하포 사건, 1911년 데라우치 총독 암살모의 혐의로 아들인 김구 선생이 옥고를 치르고 있을 때 물심양면으로 옥바라지하였다. 그 뒤 김구 선생이 상해 대한민국 임시정부에서 활동하고 있을 때 생활비를 절약하여 독립자금으로 지원하였다. 이후 임시정부에서 함께 생활하며 안살림을 챙겼으며, 자신의 생일축하금으로 권총 2자루를 구입하여 독립운동에 쓰도록 제공했다. 손자 김인을 군관학교에 입교시키는 한편, 중앙군관학교 낙양분교에서 군사훈련중인 청년 20여 명의 병영생활을 돌보는 등 독립운동가들과 더불어 고락을 같이하였다.

1939년 4월 26일, 평생 소원하던 조국 광복을 보지 못한 채 중국 사천성 중경에서 숨을 거두었다.

권기옥

평양 숭의여학교를 다니던 시절 교내 항일비밀결사조직 송죽회(송죽결사대)에 가입하여 활동하였다. 1919년 3·1운동에 참여하였으며 일본경찰에 체포되어 3주일 구류되었다. 임시정부의 군자금 모금활동, 평남도청 투탄 의거 지원, 평양청년회 여자 전도대장으로서 전국 순회강연 등 항일운동을 전개하다 일본경찰의 감시가 심해지자 1920년 9월 상해로 망명하였다.

이승만, 안창호 등을 만나 임시정부에서 활동하다가 1923년 운남육군항공학교에 제1기 여생도로 입학했다. 졸업 후 풍옥상군 등 중국 공군에서 10여 년 동안 활동하면서 상해사변에서 공로를 세워 중국정부로부터 무공훈장을 수여받았다. 중경 육군참모학교 교관으로 활약했으며 한국비행대 편성, 한국광복군 건군, 작전계획 구상, 대한민국애국부인회 사교부장 활동 등 독립을 위한 항일운동을 전개했다.

광복 후 국회 국방위원회 전문위원으로 대한민국 공군 창설에 힘을 보탰다.

김락

'사람 천 석, 글 천 석, 밥 천 석'이라고 불릴 정도로 유복한 집안에서 태어나 자랐으며 18살에 이중업과 혼인했다.

시아버지 이만도는 1895년 명성황후시해사건이 일어나자 의병을 일으켜 의병장으로 활동했으며 1910년 한일병합 이후 유서를 쓰고 곡기를 끊어 순국했다. 남편 이중업도 파리 장서 사건 등 독립운동을 하다 목숨을 잃었으며, 두 아들과 형부 이상룡, 맏사위 김용환, 뒷바라지했던 여성식구들 등 친정·시댁의 많은 사람이 독립운동에 투신했다.

김락 지사 역시 예안 3·1운동에 참여했다가 일본경찰에 체포되어 고문으로 두 눈을 잃었으며 고통 속에 살다가 생을 마감했다.

김란사

이화학당의 교사로 재직하던 시절 학생들에게 "조선
의 등불이 되어라"라고 말하며 민족교육운동을 펼쳐
유관순 열사를 비롯한 많은 여성영웅이 탄생하는데 영
향을 끼쳤다.

성경학원 설립, 부인계몽교육, 독립운동교육 등 기독
정신과 여성계몽, 민족의식 고취 등을 위해 노력하였
다. 이와 같은 일들의 공로를 인정받아 고종황제에게
은장 훈장을 받았으며, 고종황제의 통역관으로 활동하
면서 계비인 엄비와 친분을 나누어 숙명여학교, 진명
여학교를 개교하는데 힘썼다.

1919년 제1차 세계대전이 종결되면서 국제사회에서
제국주의에 대한 반성으로 인도주의가 부상하자 한국
의 독립을 국제사회에 호소할 것을 계획하였다. 이를
위해 의친왕의 비밀지령을 받아 파리강화회의에 참석
하기 위해 북경을 경유하던 중 갑작스럽게 의문의 죽
음을 맞이하였다.

김마리아

1919년, 일본 유학 당시 2·8독립선언에 가담하고 옷속에 2·8독립선언서를 숨긴 채 귀국하였다. 전국 각지를 돌아다니며 독립사상을 전하고 3·1운동을 준비했으며 일본경찰에게 3·1운동의 배후 지도자로 지목되어 서대문형무소에서 5개월간의 옥고를 치렀다.

출옥한 후 대한민국애국부인회를 재정비하고 회장으로 추대되어 여성항일운동에 앞장섰다. 임시정부 군자금 지원 활동을 하던 중 조직원의 배신으로 체포되어 3년형을 선고받았으며, 복역 중 고문으로 인해 병보석 석방된 후 상해로 망명하여 여성 최초 임시의정원 의원으로 선출되었다.

미국 유학 중 재미 한인사회의 독립운동을 후원하는 근화회를 조직하였다. 귀국 후 마르다 윌슨 신학교에 부임하여 학생들에게 민족의식을 알리고 신사참배를 거부하는 등 일제의 감시 속에서도 항일투쟁을 전개하였다. 그러나 광복을 1년 여 앞둔 1944년, 고문 후유증과 지병으로 인해 목숨을 거두었다.

김명시

경남 마산에서 태어났다. 스티로바·김희원·김휘성·김
휘연 등의 이름을 사용하기도 했다.

1925년, 고려공산청년회에 들어가면서 독립운동에 뛰
어들었다. 상해로 망명하여 중국공산청년단 상해한인
지부, 중국공산당 한인지부 등에서 활동하였으며, 동
방피압박민족 반제자동맹준비회, 재만조선인 반일본
제국주의대동맹을 조직하고 활동했다. 1932년, 국내
에「코뮤니스트」,「태평양노조」등의 선동문을 배포하
다가 일본경찰에게 발각되어 신의주형무소에 투옥되
었으며 1939년 출옥하였다.

이후 중국으로 건너가 조선의용대 부녀복무단의 지휘
관으로 텐진과 북경 등 일본 점령 지구에 파견되어 격
렬한 항일투쟁을 펼쳤으며, '한국의 잔 다르크', '백마
탄 여장군'이라는 호칭으로 불리었다.

해방 후 귀국하여 통일정부 수립을 위해 활약하였으나
대한민국 정부가 수립된 후 좌익계 숙청 광풍이 일어
나면서 체포되었다. 1949년 10월 11일, 자신의 옷을
찢어 유치장 내 수도관에 목을 매고 자살한 사실이 신
문에 보도되면서 그녀의 죽음이 알려졌다.

김알렉산드라

연해주 우수리스크 한인마을에서 태어났다. 1917년
초, 빼름스크 대공장에서 통역관으로 일하면서 조선인
노동자들의 소송대리인으로 소송을 승리로 이끌고, 나
자구 무관학교 생도 출신 조선인 노동자들을 모아 우
랄 노동자동맹을 조직하는 등 조선인 노동자들의 권익
보호를 위해 힘썼다.

1918년 4월, 러시아 감옥에 투옥되어 있던 이동휘 선
생(임시정부 초대 국무총리)의 석방 운동을 펼쳤다. 이후
이동휘 선생과 반일반제(反日反帝, 반일본반제국주의)의
사회주의 노선을 강령으로 채택한 최초의 한인사회주
의정당인 한인사회당을 창립하고, 산하 출판사인 보문
사에 자금을 지원했다. 일본군이 연해주에 출병했을 때
일본군 병사들을 상대로 반제반전(反帝反戰, 반제국주의
반전쟁)을 알리는 호소문을 발표하였으며, 한인사회당
볼셰비키군(적위군)을 조직하여 일본군 및 멘셰비키군
(백위군)에 대항하는 등 활발한 활동을 펼쳤다.

그러나 1918년 9월, 하바롭스크가 일본군과 멘셰비키
군에 함락되었을 때 체포되어 총살당하였다.

김향화

1919년 1월, 고종황제가 승하하자 가장 천한 취급을 받았던 기생, 광대, 배우들도 모두 휴업을 하고 근신에 들어갔다. 김향화 지사를 비롯한 수원 기생 33명은 하얀 소복을 입고, 나무 비녀를 꽂고, 짚신을 신은 채 수원역에서 기차를 타고 서울로 올라가 대한문 앞에서 망곡(국상을 당해 대궐 문 앞에서 백성이 모여 곡을 하는 것)에 참여했다.

1919년 3월 29일, 건강검진을 받기 위해 자혜병원으로 가던 중 수원경찰서 앞에서 준비해둔 태극기를 흔들며 대한 독립 만세를 외쳤다. 김향화 지사는 이 사건의 주모자로 일본경찰에 체포되어 6개월의 옥고를 치렀으며 출옥한 이후의 행적은 알 수 없다.

김현경

충청남도 공주 출신으로 영명여학교를 졸업하고 교사로 활동하다가 공주 3·1운동을 주도했다.

1919년 3월 31일, 동료교사, 학생들과 함께 윤봉균이 경성에서 가져온 독립선언서를 바탕으로 독립사상을 고취하고 시위운동을 선동하는 문건을 작성하여 1,000장을 등사하고 태극기를 만들었다.

다음 날 4월 1일, 공주시장에서 군중들에게 등사한 선언서와 태극기를 나눠주고 만세운동에 참여했다. 이 사건으로 체포되어 징역 4월, 집행유예 2년을 받았으며 공주형무소 수감 시절 유관순 열사를 만났다.

출옥 후 이화학당에서 공부하던 중 유관순 열사의 옥중 순국 소식을 듣고 아펜젤러 목사와 함께 유해를 인수하여 학교장으로 장례를 치러주었다.

남자현

1895년, 명성황후시해사건이 일어나자 남편 김영주가 의병을 일으켜 싸우다 전사했다. 시부모를 봉양하고 아들을 키우며 살다가 1919년 3·1운동에 적극 참여했다. 그해 3월 9일, 48세의 나이에 아들과 함께 만주로 망명하여 독립운동에 투신했다.

서로군정서에서 활약하고, 만주 각지를 순회하면서 민족의식을 고취시켰다. 12개의 예배당과 10개의 여자교육회를 설립하여 여성계몽에 힘썼으며, 군자금을 모집하고 독립군 단결에 힘썼다. 1932년, 국제연맹 리튼조사단이 하얼빈에 오자 왼손 무명지 두 마디를 잘라, 흰 수건에 '한국독립원(韓國獨立願, 한국은 독립을 원한다)'이라는 혈서를 쓰고 조사단에 보내 국제연맹에 독립을 향한 열망을 호소하였다.

1933년, 일본대사관 무토 노부요시를 암살하기 위해 무기와 폭탄을 운반하다가 일본경찰에게 체포되었다. 6개월간 가혹한 형벌을 받다가 보석 석방된 지 얼마 지나지 않아 숨을 거두었으며, "사람이 죽고 사는 것이 먹는 데 있는 것이 아니고 정신에 있다. 독립은 정신으로 이루어지느니라"라는 유언을 남겼다.

동풍신

1919년 3월 15일, 함경북도 명천 화대장터에 5천여 명의 군중이 모여 만세운동을 벌였다. 일본 헌병대와 경찰의 무차별 사격이 벌어졌고 동풍신 지사의 아버지 동민수가 그 자리에서 순국했다.

이 소식을 들은 동풍신 지사는 머리를 풀어헤친 채 소복을 입고 달려가 아버지의 시체를 부둥켜안고 통곡하였다. 그리고 경찰의 발포로 시위대가 숨어들어 텅 비다시피 한 장터에서 홀로 독립 만세를 외쳤다. 이 모습을 보고 숨어있던 시위 군중들이 감동하여 그녀와 함께 다시 시위에 참가하였다.

이 사건으로 그녀는 일본경찰에 체포되었으며 함흥형무소에 수감되었다가 서대문형무소로 이감되었다. 잔혹한 고문으로도 그녀의 기개가 꺾이지 않자, 일본경찰은 화류계 출신 여성을 같은 방에 넣어 '너의 어머니가 너를 그리워하다 세상을 떠났다'고 거짓말시켜 회유작전을 벌였다. 동풍신 지사는 이 말을 듣고 실신한 후 식음을 전폐하다가 17살의 어린 나이에 옥중에서 순국하였다.

박자혜

어린 시절, 대한제국의 견습 나인으로 입궁하였으나 한일병합 이후 해직되었다. 숙명여학교의 전신인 명신여학교에 입학하여 근대교육을 받은 후 조선총독부 부속병원에서 간호사로 일했다. 1919년 3·1운동이 일어나고 부상병 간호를 하는 과정에서 일제의 기관에서 일하고 있는 자신이 부끄러워졌고, 이를 반성하며 간호사 독립운동단체인 간우회를 만들어 만세운동을 주도했다. 이 일로 일본경찰에 체포되어 옥고를 치렀다. 출옥 후 중국으로 망명하여 연경대학 의예과에 입학했으며, 단재 신채호 선생을 만나 혼인하고 함께 항일투쟁을 전개했다. 신채호 선생이 투옥되고 생활고가 극심해지자 어린 아들 둘을 데리고 귀국하여 '박자혜 산파'를 개원했다. 풀장사, 참외장사 등 노점상을 하며 생계를 이어갈 정도로 생활이 궁핍했음에도 신채호 선생의 독립운동을 지원했으며, 일본경찰의 감시가 삼엄한 와중에도 나석주 의사의 동양척식주식회사 투탄 의거를 도우는 등 독립운동을 지속했다.

1944년 10월, 꿈에 그리던 해방을 보지 못하고 숨을 거두었다.

박차정

부산 동래의 민족의식이 강한 집안에서 자랐다. 일신
여학교 재학 시절 수차례 항일학생운동을 주도하였으
며, 문학적 재능이 뛰어나 시와 수필 등을 써서 교지에
실기도 했다. 졸업 후 좌우합작여성항일단체인 근우
회에서 중앙집행위원으로 선전조직과 출판 부문을 담
당하였으며, 서울여학생시위의 배후세력으로 구속되
었다가 서대문형무소에서 3개월 만에 병보석으로 풀
려났다. 그해 중국에 망명하여 의열단에 가입했다.
약산 김원봉 선생과 결혼한 후 의열단의 핵심 멤버로
활동했다. 조선혁명군사정치간부학교 여자부 교관으
로 교양교육과 훈련을 담당했으며, 남경조선부녀회를
결성하여 여성 독립운동가들을 양성했다. 라디오방송
을 통해 선전활동을 전개했으며, 조선의용대 부녀복무
단장으로서 여성대원들의 선봉에서 무장투쟁을 전개
했다.
1944년, 해방을 1년 앞두고 부상의 후유증으로 35세
의 젊은 나이에 생을 마감하였다. 박 지사의 유해는 해
방 후 남편 김원봉 선생에 의해 경남 밀양으로 안장되
었다.

방순희

1919년 3·1운동에 참여한 후 사회주의단체인 북풍회에서 활동하다가 일본의 감시가 심해지자 상해로 망명하였다.

1938년, 대한민국 임시의정원 함경남도대의원으로 선출되었다. 대한민국 임시의정원 제31회 정기의회에서 새로 선출된 18인을 포함, 재적의원 총 33인 중 여성은 방순희 지사가 유일했다. 1939년, 임시정부 승인을 위하여 주중소련대사관에 파견되어 활약했고, 1940년, 한국혁명여성동맹의 집행위원장 겸 서무부주임으로 임명되어 통일전선운동을 주도했으며, 1943년, 상해 대한민국애국부인회를 재건하고 부주석으로 선출되어 활동했다.

이외에도 한국광복군 창설, 조소앙의 건국강령 및 대일·대독 선전포고 등의 채택문제, '일본군 위안부' 여성교육 등 입법활동과 독립운동을 전개하였다.

부춘화

제주도 해녀조합 산하 조직인 구좌면 해녀조합 대표로 선임되어 해녀 회장으로 활동하던 중 일제에 의한 해산물 수탈과 노동 착취가 극에 달하자 이에 저항하고자 해녀들을 단결시켜 시위를 일으켰다.

시위는 1931년 여름부터 이듬해 봄까지 이어졌으며 해녀뿐만 아니라 일반 도민까지 가세하여 연인원 1만 7,131명이 참여하였다. 일제가 해녀항일운동의 확산을 막기 위해 해녀 100여 명을 잡아들이자 해녀 1천여 명을 이끌고 검속 경관대를 습격하는 등 격렬한 투쟁을 했다. 이후 해녀들의 희생을 줄이기 위해 모든 것을 자신이 단독으로 주도했다고 자수한 뒤 3개월 정도 옥고를 치렀다.

석방 뒤에도 계속되는 일본의 감시와 미행으로 일본 오사카의 친척집으로 피신하여 지내다가 광복 후 귀국했으며 고향 세화리에서 부인회장을 하며 해녀들의 권권익 향상에 힘썼다.

안경신

1919년, 3·1운동이 일어나자 만세운동에 참여했다가 1개월간 구류를 살았다. 그해 11월, 오신도, 안정석 등과 대한애국부인회를 조직하고 평양본부의 교통부원 겸 강서지회 재무를 담당했다. 많은 군자금을 거두어 임시정부로 보내는 등의 활동을 하다가 1920년 초 동지 106명이 일본경찰에 검거되자 상해로 망명하여 무장독립단체인 대한광복군총영에 가담했다.

1920년 여름, 미국의원단 일행의 내한 소식을 듣고 대한광복군총영은 국제여론을 환기시킬 목적으로 투탄의거를 위한 결사대를 조직했으며, 안경신 지사는 그중 제2대의 일원으로 참가했다. 8월 3일, 평안남도 경찰국 청사에 폭탄을 던져 성공했지만 평양시청과 평양경찰서에 던진 폭탄은 도화선이 비에 젖어 불발되었다.

이 사건으로 체포되어 사형선고를 받았다가 임시정부의 탄원서로 10년형으로 감해졌으며 7년 만에 가석방되어 출옥했다.

안맥결

1919년 3·1운동에 참여 했으며 그해 10월 1일, 평양 숭의여학교 만세운동에 나섰다가 붙잡혀 20일간 구금 됐다. 여성독립운동단체 결백단 임원으로 활동하면서 임시정부에 군자금을 모아 전달하는 임무를 수행했으며, 중국 난징에서 흥사단 원동위원부에 가입하여 활동했다.

1937년, 귀국 후 일제가 지식인과 명망가의 독립의지를 꺾기 위해 표적수사를 벌인 수양동우회 사건으로 4개월간 종로경찰서에서 수사를 받으며 고문을 당했다. 이후 서대문형무소에 수감되었다가 만삭이라는 이유로 한 달여 만에 가석방됐다.

해방 이후에는 미군정 산하 1기 여자경찰간부로 임용되어 서울여자경찰서장, 치안국 보안과 여경계장 등을 역임하였다. 국립경찰전문학교 교수로 재직하다 5·16 군사쿠데타 직후 군사정권 합류 권유를 거부하며 정년퇴직 수개월 전 사표를 던지고 공직에서 물러났다. 도산 안창호 선생의 조카이기도 하다.

오광심

1931년, 남만주에서 조선혁명당에 가입하여 활동하다가 남경으로 옮겨 만주지역의 연락책 역할을 맡았다. 민족혁명당 부녀부, 남경대한애국부인회 간부 등 다양한 방면에서 활동하였다.

1938년에는 한국광복진선 청년공작대에서 활동하였는데, 총 대원 34명 중 1/3이 여자대원이었다. 항일선전 연극, 전단 제작, 벽보 부착 등 민족의식을 고취하고 독립운동을 선전하는 활동을 전개하였다.

1940년, 한국광복군 총사령부가 창립될 때 오광심 지사를 비롯하여 김정숙, 지복영 지사 등이 초기 여성광복군으로 참여하였다. 광복군 기간지『광복』창간호에 「한국 여성동지들에게 일언을 드림」이라는 제목의 글을 실어 독립사상을 고취하였으며, 초모·선전·파괴 등의 활동을 펼쳤다.

1945년에는 기밀실장으로 활동하고 해방 후에는 상해 교민들의 안전한 귀국을 위해 힘썼다. 심양에서 애국부인회를 조직하여 위원장으로 활동하다 1948년 귀국했다.

유관순

이화학당 고등과 1학년 때 만세운동에 참여하였다. 학생들의 시위가 격렬해지자 일제는 3월 10일 전국적으로 휴교령을 내렸고, 유관순 열사는 독립선언서를 가지고 귀향하여 가족 및 마을 사람들과 함께 아우내 장터 만세시위를 계획하였다.

1919년 4월 1일, 미리 만들어 온 태극기를 군중에게 나누어주고 맨 앞에 서서 독립 만세를 외치며 시위 행진하였다. 그러나 일본경찰의 무차별 학살로 열사의 아버지와 어머니를 포함하여 19명이 순국하였으며, 유관순 열사는 아버지의 시체를 업고 일본경찰에 항의하다 만세운동의 주모자로 체포되었다.

재판 과정에서 일제의 재판권을 인정하지 않았으며, 만세운동 1주년을 기념하여 옥중 만세운동을 전개하는 등 지속적으로 항거하였다.

1920년 9월 28일, 가혹한 고문의 여독으로 19살의 어린 나이에 순국했다.

윤희순

1985년, 명성황후시해사건 이후 시아버지 유홍석이 의병을 일으키자 윤희순 지사는 「안사람 의병가」, 「병정의 노래」 등 의병가를 지어 사기를 진작시켰으며 밥을 짓고 빨래를 하는 등 뒷바라지에 힘썼다.

1907년, 고종황제의 강제 퇴위, 정미칠조약 강제 체결 등의 이유로 정미의병이 봉기했다. 윤희순 지사는 향촌 여성들로부터 군자금을 모집하고 이 자금으로 탄약제조소를 운영하여 무기를 조달했다. 또한, 여성대원 30여 명으로 구성된 안사람 의병단을 조직하여 의병 활동을 돕고 직접 훈련에 참여했으며, 직접 남장을 하고 정보 수집에 나서기도 했다.

1911년, 가족과 만주로 망명한 후 군자금을 모집하고 인재양성을 위해 노학당, 조선독립단학교를 설립하는 등 항일운동을 펼쳤다. 그러나 그 과정에서 시아버지와 남편, 아들을 차례로 잃었으며 아들이 숨진 지 11일 만인 1935년 8월 1일, 그녀도 숨을 거두었다.

이광춘

1929년 10월 29일, 나주역에서 일본인 남학생이 이광춘 지사와 박기옥 등 여학생들의 댕기머리를 잡고 희롱하였다. 이것을 본 박기옥의 사촌 남동생 박준채가 일본인 남학생에게 항의하다가 싸움으로 이어지자, 일본인 순사가 일본인 남학생을 일방적으로 비호하며 박준채의 뺨을 때렸다. 이 사건으로 그간 일본인과 한국인 사이에 쌓여있던 민족감정이 폭발하여 광주학생항일운동으로 번지게 되었다.

이광춘 지사는 11월 3일, 광주여자고등보통학교 학생들을 이끌고 시위에 나가 치마에 돌멩이를 싸 들고 다니며 항거했다. 또한 이듬해 1930년 1월, 시험시간 중 교단으로 뛰어 올라가 체포된 학생들의 석방을 요구하며 백지동맹을 주도했다. 이 사건으로 학교에서 퇴학처분 당하였으며 일본경찰에 체포되어 가혹한 고문을 받았다.

이병희

민족의식이 높은 집안에서 태어나 자랐다. 동덕여자고등보통학교를 졸업하고 종연방적에 여공으로 취업했으며, 여성노동자들을 모아 항일노동운동을 주도하다 체포되어 2년 4개월 간 옥고를 치렀다. 이후에도 삿뽀로 맥주, 영등포방적 등에서 노동운동을 했다.

1940년, 중국 북경으로 건너가 의열단에 가입했다. 문서를 전달하는 연락책과 군자금 모집 활동을 했으며 1943년, 친척이자 동지였던 이육사 시인과 독립운동을 도모하다 체포되어 북경감옥에 투옥되었다.

1944년 1월, 이병희 지사가 석방된 지 닷새 만에 이육사 시인이 옥중에서 순국하자, 직접 유해와 유품, 유고시 등을 거두었다. 유족에게 안전하게 넘겨주기 위해 유골함을 항상 품 안에 가지고 다녔으며 맞선을 보러 가는 자리에도 품고 나갔다. 그녀가 후대에 전한 이육사 시인의 시는 「광야」, 「청포도」 등이 있다.

이혜련

1902년 9월, 도산 안창호 선생과 혼인한 후 미국으로 건너갔다. 안창호 선생이 한국과 미국, 중국과 러시아를 종횡무진하며 독립운동을 전개하는 동안 백인 가정에서 청소, 빨래, 요리 등의 노동을 하고, 과일 가게를 운영하는 등 생계를 책임지고 남편의 독립운동을 지원했다.

1919년, 3·1운동이 일어나자 부인친애회를 조직하여 독립의연금 모금에 앞장섰으며, 통합여성단체 대한여자애국단이 결성되자 이 단체를 중심으로 각종 독립자금 모집을 주도하였다. 대표적으로 1937년 중일전쟁 구제 의연금, 1940년 한국광복군 후원금 등이 있다.

1946년, 대한여자애국단 제6대 총단장으로 선출되었다. 한국전쟁 당시 적십자와 피난민을 돕기 위해 자원봉사, 구제활동을 전개하는 등 해방 이후에도 고국의 동포들을 위해 힘썼으며 재미 동포 사회의 대모로 존경받았다.

이화림

1919년 3·1운동에 참여하였으며 1927년, 조선공산당에 입당하여 학생운동을 전개하였다.

1931년, 김두봉의 추천으로 한인애국단에서 활동하게 된다. 윤봉길 의사 도시락폭탄 투탄 의거, 이봉창 의사 일왕 암살 시도 의거를 도왔으며 백범 김구 선생의 비서 역할을 담당하면서 재정난을 겪던 임시정부를 위해 나물장사, 수놓기 등으로 돈을 벌어 경비를 지원하였다.

1936년, 민족혁명당에 입당하여 의료보건사업을 맡았으며 1939년, 조선의용대 부녀복무단의 부대장으로 임명되어 활동했다. 1942년, 화북조선인민간부훈련반에 입학하였으며 졸업 후 화북조선혁명청년학교 후원 사업을 전개하고, 1943년, 조선의용군 병원에서 일하였다. 1944년, 화북조선독립동맹에서 자료 수집 간사로 활동하였다.

이효정

1929년, 광주학생항일운동이 일어나자 친구들과 함께 만세운동에 참여하였으며, 이듬해에는 동덕여자고등보통학교(이하 동덕여고보)에서 백지동맹을 주도하였다. 졸업 후에는 사회주의단체 경성 트로이카에 가입하면서 노동운동에 뛰어들었다.

1933년, 여공 500명의 임금문제를 해결하기 위해 종연방적 경성제사공장 여성직공 총파업을 주도하였다. 1935년, 동덕여고보에 숨어들어가 항일격문 등으로 학생들을 독려하는 활동을 하다 여러 번 체포되고 고문당하였으며, 경성지방좌익노동조합 조직 준비회에 가담하여 동지 규합과 항일의식 고취에 주력하다가 검거되어 13개월 동안 옥고를 치렀다.

그러나 일제강점기 하에서 사회주의운동을 했다는 이력과 남편의 월북 때문에 늘 감시를 받고 취조를 당하며 살아야 했다. 70세에 『회상』(1989), 80세에 『여든을 살면서』(1995) 등의 시집을 출간하여 어릴 적 꿈이었던 문학가의 꿈을 이루었다.

이희경

1919년, 하와이 호놀룰루에서 창립된 대한부인구제회 회원으로 국권회복운동과 독립전쟁에 필요한 후원금을 모집·제공하였으며, 애국지사 가족들에게 구제금을 송금하는 등 구제사업을 전개하였다.

1928년, 경상도 출신 부인들을 중심으로 영남부인회(훗날 영남부인실업동맹회)를 조직하였으며, 회장을 맡으면서 한인 부인사회 발전과 독립운동 후원, 재미 동포사회 구제사업 활동에 공헌하였다. 중일전쟁이 일어난 후 각종 독립의연금과 전쟁후원금, 군사금 등 독립운동자금을 제공하였으며, 대한인국민회 하와이지방총회 회원, 대한부인구제회 호놀룰루 지방대표, 승전후원금 모집위원, 사료원 등으로 활약하였다.

해방 후에는 전후한국구제회에서 회계로 선출되어 활동하였다.

정정화

독립운동을 하기 위해 상해로 망명한 시아버지와 남편을 따라 1919년 3·1운동 직후 상해로 건너갔다. 대한민국 임시정부 소속으로, 임시정부의 열악한 재정을 돕기 위해 1930년까지 6회에 걸쳐 국내외를 왕복하며 독립운동자금을 모금하여 임시정부에 전달했다.

1932년, 윤봉길 의사 도시락폭탄 투탄 의거 이후 일제의 감시를 피하기 위해 임시정부가 이동함에 따라 함께 이동하였으며 1935년, 한국국민당에 입당하였다. 1940년, 한국독립당 창당요원으로 활동하였으며 한국혁명여성동맹을 조직하고 간부를 지냈다. 1941년, 임시정부 산하의 3·1유치원 교사로 임명되어 독립운동가 자녀 교육을 담당하였다. 1943년에는 상해 대한민국애국부인회 재건조직에 참여하여 훈련부장에 선출되었으며 방송선전활동, 계몽교육, 위문활동 등을 하였다.

정칠성

1919년 3월 1일, 태화관에서 민족대표 33인이 독립선언서를 낭독할 때 함께 있었다. 이 일을 계기로 기생을 그만두고 일본 유학을 떠났다.

1923년 귀국하여 물산장려운동에 참여하였으며 대구여자청년회, 우리나라 최초의 전국적인 여성운동단체 조선여성동우회를 조직하였다. 1927년, 좌우합작여성항일단체 근우회 결성에 참여하여 중앙집행위원이 되었으며, 이후 여러 단체의 직책을 역임하면서 여성의 계급의식을 고취시키는 전국순회강연을 다녔다.

1929년 광주학생항일운동, 1930년 조선공산당사건과 연루되어 일본경찰에 여러 차례 체포되었으며, 신간회 중앙집행위원으로 활동하다가 신간회가 해소된 이후 외부활동을 중단하고 서울 낙원동에서 조그마한 가게를 운영했다.

해방 이후 좌익계 여성단체와 민주주의민족전선에서 활약하다가 월북하였다. 북한사회에서 고위공직자로 활동하였으나 1958년 숙청당하였다.

조마리아

1907년 5월, 평안남도 삼화항 은금폐지부인회를 통해 은장도, 은가락지, 은귀걸이 등 고가의 귀중품을 국채보상의연금으로 납부하였다. 1909년, 맏아들 안중근 의사가 이토 히로부미를 처단하고 일본경찰에 체포되어 사형을 선고받았다. 조마리아 지사는 안중근 의사에게 수의를 지어 보내며 "나라를 위해 다른 마음 먹지 말고 죽으라. 비겁하게 삶을 구하지 말고 대의에 죽는 것이 어미에 대한 효도다"라는 말을 남겼다.

안중근 의사가 여순감옥에서 사형당한 후 가족에 대한 일제의 탄압과 감시가 더욱 심해지자 러시아 연해주로 건너갔다. 그곳에서 아들 안정근이 최초로 벼농사에 성공하여 대규모 농장을 건설하였으며, 거기서 조달한 자금을 독립운동에 필요한 재원으로 사용했다. 러시아 동부 각지를 돌며 동포들의 민족의식 고취를 위한 강연·방문활동을 전개하였으며, 1926년 임시정부경제후원회 위원에 선출되어 활동하였다.

1927년, 향년 66세의 나이로 별세하였다.

조신성

평양 진명여학교 교장을 지내며 민족교육을 펼쳤으나 3·1운동에 가담한 것이 문제가 되어 사임했다.

1920년, 항일독립운동단체인 대한독립청년단(맹산독립단)에서 총참모를 맡아 활동했다. 맹산 선유봉 호랑이굴을 본부로 삼아 그 안에 인쇄기와 활자 등을 두어 사형선고문, 협박장, 경고문을 인쇄하여 일본 관헌과 친일파들에게 보내 심리적 위협을 가했으며, 군자금 모집, 일본관공서 파괴, 일본관리 처단 등 무장투쟁을 펼쳤다.

1928년, 근우회 평양지회를 조직하고 지회장으로 선출되었다. 민족주의운동과 여성해방운동을 추진하였으며 1930년에는 전국회장에 추대되었다. 여성실업장려회를 조직하고 회장을 맡아 여성의 경제적 각성과 취업확대를 위해 힘썼다. 1932년에는 조선교육학교를 설립하였으며 평양여자소비조합조직준비회를 개최하여 여성 경제기관의 설립에 힘을 쏟았다.

광복 후 1948년 대한부인회 부총재에 추대되었으나 한국전쟁 중 양로원에서 숨을 거두었다.

지복영

1939년, 한국광복군진선 청년공작대원으로서 항일선전 연극, 전단 제작, 벽보 부착 등의 활동을 하였다.

1940년, 한국광복군이 창설되면서 김정숙, 오광심 지사 등과 함께 여성광복군으로 입대하였다. 초모위원회에서 활동하면서 광복군 기관지『광복』창간호에「대시대는 왔다. 한국 여성 동지들아 활약하자」라는 글을 실어 여성의 독립의식을 고취하였다. 1942년, 광복군 제3지대에 배속되어 초모위원 겸 비서로 활동하였다. 1944년에는 임시정부 선전부 자료과, 선전과에 복무하면서 대적방송 담당 요원으로 선전방송을 하고 원고를 작성하는 등 활발한 활동을 하여 소령으로 진급하였다. 1945년, 임시정부 회계검사원 및 조리원에 임명되어 근무하였다.

해방 후 1946년 서울대학교 도서관 사서로 취직하였으며 이후 부산 화교학교 교사를 지냈다. 아버지인 지청천 장군의 업적을 서술한『역사의 수레를 끌고 밀며』(1995)를 출간하였다.

차미리사

미국 유학 시절 한인교육기관인 대동교육회를 조직하고, 기관지인 『대동공보』를 발간하였다. 여성교육을 통해 조국을 돕겠다는 신념으로 귀국하여 배화학당 교사로서 학생들에게 민족의식을 불어넣었다.

3·1운동 이후 조선여자교육회를 조직하고 산하에 부인야학강습소를 설치하여 문맹 퇴치, 계몽교육을 펼쳤다. 여성을 대상으로 애국심과 교육의 중요성을 알리는 전국순회강연회를 다니며 대중적 여성교육활동의 선두에 섰으며, 부인야학강습소의 이름을 민족의 꽃, 무궁화를 뜻하는 이름의 근화학원이라 하였다. 이후 근화여학교로 승격되었으며 재단법인 근화학원을 설립하여 재단이사장을 역임하였다. 1938년, '근화'가 민족의 꽃 무궁화를 연상시킨다는 이유로 일제가 강하게 압박해오자 '덕성'으로 개명하였다.

광복 이후 고등교육기관 설립을 추진하여 1950년 덕성여자초급대학(현 덕성여자대학교)을 설립하였으며, 분단정부 수립을 저지하고 통일정부를 수립할 것을 호소하는 문화인 108인 성명에 동참하였다.

최용신

루씨여자고등보통학교를 졸업한 후 협성여자신학교에 재학하면서 '조선의 부흥은 농촌에 있고, 민족의 발전은 농민에 있다'는 생각을 가지고 농촌계몽운동에 투신하기로 마음먹었다.

YWCA(Young Women's Christian Association, 조선여자기독교청년회연합회)의 농촌계몽사업에 참여하여 YWCA 파견교사로 활동하다가 1931년, 경기도 안산 샘골에 파견되었다. 예배당을 빌려 한글·산술·재봉·수예·가사·노래공부·성경공부 등을 가르쳤으며, 일곱 달 만에 정식으로 강습소 인가를 받았다. 그해 8월에는 마을 유지와 YWCA의 보조로 천곡학원을 건축하여 운영을 시작하였다.

1934년부터 YWCA의 보조금이 끊어지고 일제의 탄압이 심해지면서 학원 운영이 힘들어지자 학원을 살리기 위해 다방면으로 노력하다가 1935년 1월 과로로 쓰러져 숨을 거두었다. 그녀의 나이 26살 때였다.

식민지 수탈로 피폐했던 농촌사회의 부흥을 위해 힘썼던 그녀의 삶은 심훈의 소설 『상록수』로 그려지기도 했다.

최은희

1919년, 경성여자고등보통학교 항일비밀결사조직인 소녀결사대의 일원으로 경성여고보 3·1운동을 이끌었다. 휴교령이 떨어지자 「동포여 일어서자」라는 격문 등을 고향 배천에 숨겨 가져와서 마을 청년들과 함께 태극기와 격문을 제작하여 만세운동을 준비했다. 3월 30일, 배천읍 장터에서 시위행진을 전개하다가 일본 경찰에 체포되었다.

1924년, 조선일보 학예부 기자로 입사하였으며 6·10 만세운동 호외 특종 보도, 한국 최초 비행 취재 등 기자로서 왕성한 활동과 업적을 남겨 '신문계의 패왕'이라 불리었다. 1927년에는 좌우합작여성항일단체 근우회 초대 집행위원으로 선출되어 활동하였다.

해방 후에는 대한부인회, 대한여자국민당, 3·1운동여성참가봉사회 등에서 활동하면서 여성인권 향상운동과 사회활동에 헌신하였으며 저서『조국을 찾기까지』(1973)와『여성전진 70년』(1980) 등을 펴냈다.

최정숙

1919년, 경성여자고등보통학교 항일비밀결사조직인 소녀결사대의 일원으로 경성여고보 3·1운동을 이끌었다. 경성지방법원에서 보안법 위반으로 징역 6월 집행유예 3년이 확정되기까지 서대문형무소에서 8개월간 옥고를 치렀다.

여성계몽교육의 필요성을 절감하여 1921년 여성 문맹퇴치 강습소인 여수원을 개원하였으며 이후 교사로 활동하며 학생들에게 민족의식 교육을 펼쳤다. 경성여자의학전문학교를 졸업하여 의사 면허를 취득하였으며 고향인 제주에서 의원을 개업하여 불우한 사람들에게 무료로 진료하는 인술을 펼쳤다.

해방 직후 고수선 지사와 함께 대한부인회를 조직했으며, 일제강점기에 폐교되었던 신성여학교 자리에 신성여자중학교, 신성여자고등학교를 세워 여성교육에 힘썼다. 1964년, 여성 최초이자 제주도 최초 교육감으로 당선되는 등 교육활동에 일생을 바쳤다.

허은

민족의식 투철한 양반 가문에서 태어나 1915년, 8살의 나이에 가족들과 서간도 망명길에 올랐다. 1922년, 대한민국 임시정부 초대 국무령을 지냈던 석주 이상룡 선생의 손자 이병화와 혼인하였다.

허은 지사의 집은 서로군정서의 회의 장소로 쓰였으며 독립투사들이 끊임없이 드나드는 만주지역 독립운동의 전초기지였다. 이곳에서 허은 지사와 여성 식구들은 광목과 솜뭉치를 산더미처럼 사서 독립운동가들이 입을 군복을 대량으로 만들고, 독립군들의 식사와 잠자리를 제공하는 등 혼신을 다해 도왔다.

1932년, 안동 임청각으로 귀향하였으며 1995년에는 독립운동의 현장에서 겪은 고난과 생생한 이야기를 담은 회고담 『아직도 내 귀엔 서간도 바람소리가』(1995)를 출간하였다.

허정숙

함경북도 명천에서 태어났다. 본명은 허정자, 이명은 허정숙·수가이(秀嘉伊)이다.

배화여자고등보통학교를 졸업한 뒤 일본 고베, 중국 상해에서 유학했다. 귀국 후 조선여성동우회 결성에 참여하고 집행위원이 되었다. 『동아일보』 기자, 『신여성』 편집장을 지냈으며 「여성해방은 경제적 독립이 근본」 등 여성해방에 관한 글을 다수 발표했다. 1928년 좌우합작여성항일단체 근우회 전형위원 및 중앙집행위원에 선임되었으며, 서울여학생시위의 배후자로 체포되어 징역 1년을 받고 1932년 출옥했다.

1936년, 중국으로 망명하여 조선민족혁명당, 조선청년전위동맹 등에서 활동하였다. 항일군정대학 정치군사과를 졸업하고 팔로군 제120사 정치지도원으로 활동하였으며 조선혁명군정학교 교육과장 및 독립동맹 집행위원을 지냈다.

해방 후 북한 정부에 참여하여 당·정부·입법부 및 통일단체·여성단체의 요직을 두루 거치다 1991년 사망하였다.

홍씨

홍씨, 또는 한봉주 부인으로 불리는 이름없는 독립운
동가.

1919년 3월 3일, 평안남도 안주읍 안주군에서 일어난
만세운동에 참가하였다. 시위군중과 함께 일본경찰을
포위하고 3월 1일 만세운동 때 체포된 인원 전부의 석
방을 강력히 요구하였다. 그러나 일본경찰의 무차별
사격으로 그 자리에서 순국하였다.

황에스터

황애덕, 황애시덕이라고도 불린다. 평양 숭의여학교 교사로서 교내 항일비밀결사조직 송죽회(송죽결사대)를 조직하여 민족교육을 펼쳤으며 군자금을 마련해 중국의 항일독립단체에 송금했다.

1918년, 동경여자의학전문학교에 입학하였으며 1919년, 2·8독립선언에 참가한 후 김마리아 지사와 독립선언서를 가지고 귀국하여 국내 곳곳을 순회하며 비밀리에 항일유세활동을 펼쳐 3·1운동 확산에 일조하였다. 이 일로 일본경찰에 체포되어 옥고를 치렀으며 그해 대한애국부인회를 재조직하였다.

1925년, 미국으로 유학하여 콜롬비아대학 교육학 석사를 받았으며 근화회를 조직하여 재미 동포들의 독립운동을 후원하였다. 귀국한 후 농촌계몽운동에 종사하여 최용신 지사에게 영향을 주었으며, 하얼빈에서 교포들을 상대로 애국계몽운동을 펼쳤다. 여성의 경제적 각성을 촉구하기 위해 경성여자소비조합을 결성하고, 광복 후에는 여성단체협의회를 조직하는 등 여성운동을 전개하였다.

《공훈전자사료관》 사이트의 「독립유공자 공적조서」를 참고하여 정리한 여성독립운동가들의 이름입니다. 2019년 5월 24일까지 서훈받은 431명의 이름과 이 책에서 소개한 미서훈 독립운동가 김명시, 이화림, 정칠성, 허정숙 지사의 이름까지 총 435명의 이름을 담았습니다.

가네코 후미코 · 강경옥 · 강원신 · 강의순 · 강주룡 · 강지성 · 강혜원 · 강화선 · 고수복 · 고수선 · 고순례 · 고연홍 · 공백순 · 곽낙원 · 곽영선 · 곽진근 · 곽희주 · 구명순 · 구순화 · 권기옥 · 권애라 · 권영복 · 김건신 · 김경순 · 김경신 · 김경화 · 김경희 · 김계정 · 김계향 · 김공순 · 김귀남 · 김귀선 · 김금연 · 김나열 · 김나현 · 김낙희 · 김난줄 · 김대순 · 김덕세 · 김덕순 · 김도연 · 김독실 · 김동희 · 김두석 · 김락 · 김란사 · 김마리아 · 김마리아 · 김마리아 · 김명시 · 김반수 · 김병인 · 김보원 · 김복선 · 김복희 ·

김봉식 · 김봉애 · 김석은 · 김성심 · 김성일 · 김성재 · 김수현 ·
김숙경 · 김숙영 · 김숙현 · 김순도 · 김순실 · 김순애 · 김순이 ·
김신희 · 김씨 · 김씨 · 김안순 · 김알렉산드라 · 김애련 · 김양선 ·
김연실 · 김영순 · 김영실 · 김오복 · 김옥련 · 김옥선 · 김옥실 ·
김온순 · 김용복 · 김우락 · 김원경 · 김유의 · 김윤경 · 김응수 ·
김인애 · 김자혜 · 김점순 · 김정숙 · 김정옥 · 김조이 · 김종진 ·
김죽산 · 김지형 · 김진현 · 김추신 · 김치현 · 김태복 · 김필수 ·
김해중월 · 김향화 · 김현경 · 김화순 · 김화용 · 김화자 · 김효숙 ·
김효순 · 나은주 · 남영실 · 남윤희 · 남인희 · 남자현 · 남협협 ·
노보배 · 노순경 · 노영재 · 노예달 · 동풍신 · 두쥔훼이 · 문또라 ·
문복금 · 문복숙 · 문봉식 · 문응순 · 문재민 · 미네르바 루이즈
구타펠 · 민금봉 · 민부영 · 민영숙 · 민영주 · 민옥금 · 민인숙 ·
민임순 · 민함나 · 박계남 · 박계월 · 박금녀 · 박금덕 · 박금숙 ·
박기은 · 박덕실 · 박복술 · 박성순 · 박성희 · 박순애 · 박승일 ·
박시연 · 박신애 · 박신원 · 박애순 · 박양순 · 박연이 · 박영숙 ·
박옥련 · 박우말례 · 박원경 · 박원희 · 박유복 · 박은감 · 박음전 ·
박자선 · 박자혜 · 박재복 · 박정금 · 박정선 · 박정수 · 박차정 ·
박채희 · 박치은 · 박하경 · 박현숙 · 박현숙 · 방순희 · 백신영 ·
백옥순 · 백운옥 · 부덕량 · 부춘화 · 성혜자 · 소은명 · 소은숙 ·
손경희 · 손영선 · 송금희 · 송명진 · 송미령 · 송성겸 · 송수은 ·
송영집 · 송정헌 · 신경애 · 신관빈 · 신마실라 · 신분금 · 신순호 ·
신애숙 · 신의경 · 신일근 · 신정균 · 신정숙 · 신정완 · 신준관 ·

신창희 · 신특실 · 심계월 · 심상순 · 심순의 · 심영식 · 심영신 ·

안경신 · 안맥결 · 안애자 · 안영희 · 안옥자 · 안인대 · 안정석 ·

안혜순 · 안희경 · 양방매 · 양순희 · 양애심 · 양제현 · 양진실 ·

양태원 · 양학녀 · 어윤희 · 엄기선 · 연미당 · 오건해 · 오광심 ·

오수남 · 오신도 · 오영선 · 오정화 · 오항선 · 오형만 · 오희영 ·

오희옥 · 옥순영 · 옥운경 · 왕경애 · 왕종순 · 유경술 · 유관순 ·

유순덕 · 유순희 · 유예도 · 유인경 · 유점선 · 윤경옥 · 윤마리아 ·

윤복순 · 윤선녀 · 윤순희 · 윤악이 · 윤오례 · 윤용자 · 윤찬복 ·

윤천녀 · 윤형숙 · 윤희순 · 이갑문 · 이갑술 · 이겸양 · 이경희 ·

이계원 · 이관옥 · 이광춘 · 이국영 · 이금복 · 이남규 · 이남숙 ·

이남순 · 이도신 · 이동화 · 이명시 · 이벽도 · 이병희 · 이봉금 ·

이부성 · 이살눔 · 이석담 · 이선경 · 이선희 · 이성례 · 이성완 ·

이소선 · 이소열 · 이소제 · 이소희 · 이수복 · 이수희 · 이숙진 ·

이순 · 이순승 · 이신애 · 이신천 · 이아수 · 이애라 · 이영신 ·

이영희 · 이용녀 · 이월봉 · 이은숙 · 이의순 · 이인순 · 이정숙 ·

이정숙 · 이태옥 · 이헌경 · 이혜경 · 이혜련 · 이혜수 · 이화림 ·

이화숙 · 이효덕 · 이효정 · 이희경 · 임경애 · 임메불 · 임명애 ·

임봉선 · 임성실 · 임소녀 · 임수명 · 임진실 · 장경례 · 장경숙 ·

장매성 · 장상림 · 장선희 · 장성심 · 장태화 · 전수산 · 전어진 ·

전월순 · 전창신 · 정귀완 · 정금자 · 정막래 · 정복수 · 정수현 ·

정영 · 정영순 · 정월라 · 정정화 · 정종명 · 정찬성 · 정칠성 ·

정태이 · 정현숙 · 제영순 · 조계림 · 조마리아 · 조복금 · 조순옥 ·

조신성 · 조아라 · 조애실 · 조옥희 · 조용제 · 조인애 · 조충성 ·
조화벽 · 주말순 · 주세죽 · 주순이 · 주유금 · 지복영 · 지은원 ·
진신애 · 차경신 · 차미리사 · 차보석 · 차은애 · 차인재 · 채혜수 ·
천소악 · 최갑순 · 최금봉 · 최금수 · 최덕임 · 최문순 · 최복길 ·
최복순 · 최봉선 · 최서경 · 최선화 · 최성반 · 최수향 · 최순덕 ·
최애경 · 최예근 · 최요한나 · 최용신 · 최윤숙 · 최은전 · 최은희 ·
최이옥 · 최정숙 · 최정철 · 최형록 · 최혜순 · 탁명숙 · 하영자 ·
한덕균 · 한도신 · 한보심 · 한성선 · 한연순 · 한영신 · 한영애 ·
한이순 · 함애주 · 함연춘 · 함용환 · 허은 · 허정숙 · 현도명 ·
홍금자 · 홍매영 · 홍순남 · 홍승애 · 홍씨 · 홍애시덕 · 황금순 ·
황마리아 · 황보옥 · 황애시덕 · 황혜수

이 책은 여성 독립운동가의 이름과 역사를 알리는 일에 뜻을 함께 해 주신 감사한 분들의 후원으로 출간되었습니다. 후원해주신 분들의 이름과 함께 감사의 뜻을 전합니다.

강주익 · 강주형 · 고수인 · 고정 · 고현 · 과일사랑 · 권현경 · 김가현 · 김계리 · 김근영 · 김나영 · 김다현 · 김샐리 · 김슬기 · 김연우 · 김예빈 · 김우주 · 김지영 · 김하늬 · 김호연 · 다정한별 · 동심나라 · 러러하트 · 李恩知 · 리휘안 · 무서븐님 · 문리트 · 민슬기 · 박나영 · 박다연 · 박선영(모선영) · 박영수 · 박호정 · 배수경 · 서종의 배 · 성남사는 98년생 장민경 · 손원진 · 송예슬 · 슈슈님 · 쌩군 · ㅇㅅㅇ · 아릿다운 엉이 · 안주희 · 여나나 · 염서영 · 오유진 · 오유찬 · 우성미 · 유아림 · 유은주 · 유진 · 이동이 · 이민정 · 이원영 · 이하늘 · 이햇님 · 이혜리 ·

이혜윤 · 자봉1004 · 정영란 · 정지수 · 정혜경 · 정혜원 ·
주현아 · 주희 · 지실로스 · 초이 · 케이티 · 태태 · 피치 · 하랑 ·
하얀연꽃 · 홍유진 · 홍은경 · Achoo · chr**** · Ciel Kim ·
danbal60 · HAROO · KIMJIWON · Lee Yess · me=na · nnomaa ·
tjfgustjfgus77

도서

『나는 여성이고, 독립운동가입니다』 심옥주, 우리학교, 2019

『독립운동사 제2권』 독립운동사편찬위원회, 1972

『독립유공자공훈록』 1-22권, 국가보훈처

『여성 독립운동가 300인 인명사전』 이윤옥, 도서출판 얼레빗, 2018

『이화림 회고록』 이화림 구술, 장촨제·순징리 공편, 차이나하우스, 2015

『잃어버린 한국 현대사』 안재성, 인문서원, 2015

『장강일기』 정정화, 학민사, 1998

『조선의 딸, 총을 들다』 정운현, 인문서원, 2016

『평화무임승차자의 80일』 정다훈, 서해문집, 2016

『한국 여성사 편지』 이임하·조승연, 책과함께어린이, 2009

『한국 최초 101장면』 김은신, 가람기획, 1998

『한국공산주의운동사』, 김준엽·김창순, 고려대학교아세아문제연구소, 1967

기사 및 논문

「'안창호 조카' 안맥결 경찰서장 독립유공자 인정」, 이윤주·심은별, 한국일보, 2018.11.06

「'임청각 종부' 허은 여사 독립유공자 인정」, 이영린, 영남일보, 2018.08.15

「'한국은 독립되어야 한다' 잊혀지는 영웅, 여성 독립운동가」, 최양지, tbs, 2019.04.26

「"당신은 청소부가 아니라 신사요" 도산이 받은 '찬사'」, 이명수, 오마이뉴스, 2018.01.28

「"대한여자애국단 창단…독립운동 숨은 내조"」, 석인희, 미주한국일보, 2018.08.03

「"조선의 등불 되어라" 유관순 이끈 美유학파 여스승」, 최은경, 중앙일보, 2019.02.28

「1만5511명 중 432명… 여성 독립유공자, 전체의 3%도 안된다」, 심희정, 국민일보, 2019.05.06

「3·1운동 백년과 여성① 그리고 이화림도 있었다…거사를 도운 그녀」, 손정빈, 뉴시스, 2019.02.27

「3·1운동 백년과 여성③ 권기옥, 독립운동 새지평…해방후엔 공군 창설」, 조인우·윤해리, 뉴시스, 2019.02.23

「3·1운동 백년과 여성③ 무장투사 남자현…'단지 혈서' 안중근과 닮은꼴 평가」, 배훈식, 뉴시스, 2019.02.21

「경성여고보 3·1 만세 이끈 '소녀결사대'를 아십니까」, 허호준, 한겨레신문, 2019.02.28

「나의 '경성 트로이카' 친구들」, 안재성, 프레시안, 2006.08.11

「남에는 유관순, 북에는 '동풍신'」, 편집부, 수원일보, 2012.05.02

「독립운동가 김란사는 왜 하란사가 됐나」, 홍미은, 여성신문, 2016.05.20

「머리 풀어헤치고 일제에 맞선 기생, 그가 보여준 반전」, 오마이뉴스, 2019.03.06

「미래를 여는 역사의 門 해방 70년 京畿33. 소설 '상록수'의 주인공 최용신」, 김영호, 경기일보, 2015.11.15

「불멸의 독립운동 여류 거물 "황애시덕"」, 편집부, 수원일보, 2012.08.28

「사상기생 정칠성 선각자」, 김지욱, 세명일보, 2018.10.30

「사회주의 여성해방운동가 허정숙 책, 남한서 최초로 출간된다」, 권종술, 민중의 소리, 2018.10.23

「수원의 논개 33인의 꽃 '김향화'」, 편집부, 수원일보, 2011.11.30

「안맥결 여자경찰서장 등 독립유공자 등재 추진」, 선명수, 경향신문, 2018.10.03

「여류혁명가를 찾아서 7. 20년간 투쟁생활, 태중(胎中)에도 감옥살이, 김명시 여사편」, 독립신보, 1946.11.21

「유관순 열사의 시신을 수습한 사람은?」 이천열, 서울신문, 2019.03.03

「일제를 놀래킨 15세 소녀, 그녀는 왜 소복을 입었나」, 김종성, 오마이뉴스, 2019.03.08

「임정100년, 3·1운동 100년 "광복군은 남자의 전유물이 아니오"」, 진주원, 여성신문, 2019.04.16

「임정100년과 독립운동가 "여성은 광복과 신국가 건설의 역군"…한국광복군 지복영」, 이준영, 시사저널e, 2019.04.21

「임정100년과 독립운동가 식민지서 피폐해진 '농촌 살리기'에 헌신한 최용신」, 이준영, 시사저널e, 2019.03.24

「잊혀진 이름, 여성 독립운동가 2편 : 가려진 독립운동, 박자혜」, 박경현, 뉴스타파, 2016.01.11

「치마폭에 돌 나르며 반일 시위 "구속 학생 석방하라" 시험 거부」, 양세열, 광주일보, 2013. 07.23

「하와이 노동이민 제1세대 권도인 이희경」, 김희곤, 매일신문, 2010.01.12

「하와이 이민1세 독립운동가 이희경」, 강윤정, 미발표 원고

「한국여성인물사전14. 독신의 여장군, 어머니 같은 조신성 (1873~1953)」, 신영숙, 이투데이, 2016.12.20

「한국여성인물사전206. 권기옥(權基玉)」, 박정원, 이투데이, 2017.09.27

「한국의 名家 〈현대편〉(35) 최은희」, 김덕형, 주간조선, 2011.09.19

「현대사 아리랑 조선부녀총동맹 부위원장 정칠성」, 김동성, 주간경향, 2009.02.17.

인터넷 사이트
《공훈전자사료관》
《국가보훈처》
《국사편찬위원회》
《네이버 캐스트》, 국가보훈처

《마실》, 경북여성정책개발원

《문화콘텐츠닷컴》, 한국콘텐츠진흥원

《제주항일기념관》, 제주특별자치도보훈청

《한국민족문화대백과사전》, 한국학중앙연구원

그녀의 이름은
이제야 기억합니다, 여성 독립운동가

1판 1쇄 펴냄 2019년 6월 28일

지은이 편집부
펴낸이 정현순
디자인 전영진
인 쇄 ㈜한산프린팅

펴낸곳 ㈜북편
등 록 제2016-000041호.(2016. 6. 3)
주 소 서울시 광진구 천호대로 109길 59, 1층
전 화 070-4242-0525   **팩스** 02-6969-9737

ISBN 979-11-87616-66-5 03910
값 12,000원